PUHUA BOOKS

我
们
一
起
解
决
问
题

活动运营

技巧、方法、案例实战一册通

王靖飞◎著

人民邮电出版社

北 京

图书在版编目（CIP）数据

活动运营：技巧、方法、案例实战一册通 / 王靖飞
著. -- 北京 ：人民邮电出版社，2018.3（2024.1重印）
ISBN 978-7-115-47948-8

Ⅰ. ①活… Ⅱ. ①王… Ⅲ. ①企业经营管理 Ⅳ.
①F272.3

中国版本图书馆CIP数据核字(2018)第033822号

内 容 提 要

　　通过举办活动对企业的产品及品牌进行宣传推广，是企业开展营销工作的常用手段。
可以说，做好活动运营就是一门技术。那么，企业或个人如何掌握这门技术，做好活动运
营工作呢？

　　本书从理念到实践，多角度、全方位地深入剖析活动运营，总结和提炼了活动运营的
技巧与方法，具体包括抓住活动主题、用好活动思维、设置活动引爆点、构建活动场景等
内容，为读者提供了详尽的活动运营指导。同时，本书也提供了丰富的案例，供读者参考
借鉴。

　　本书适合在企业中从事产品及品牌运营推广工作的人员阅读，也适合作为管理微博、
微信公众号等自媒体平台的商家及个人的培训用书。

◆　　著　　王靖飞
　　责任编辑　张国才
　　责任印制　焦志炜

◆人民邮电出版社出版发行　　北京市丰台区成寿寺路 11 号
　　邮编 100164　　电子邮件 315@ptpress.com.cn
　　网址 http://www.ptpress.com.cn
　　北京虎彩文化传播有限公司印刷

◆开本：700×1000　1/16
　　印张：14　　　　　　　　　　　　2018 年 3 月第 1 版
　　字数：150 千字　　　　　　　　　2024 年 1 月北京第 15 次印刷

定　价：55.00 元
读者服务热线：（010）81055656　印装质量热线：（010）81055316
反盗版热线：（010）81055315
广告经营许可证：京东市监广登字20170147号

一提起活动，人们并不陌生。但是，一提起活动运营，很少有人能够说出其具体的含义。简单地说，活动运营就是要求组织者对每一次活动都要精心策划、科学实施，以收获最好的效果。

对于企业而言，做好活动运营具有重大的意义。第一，成功的活动运营可以显著提升企业品牌的曝光度和产品的影响力，有助于企业扩大市场份额；第二，成功的活动运营能够让用户更深入地认知企业的产品，继而带动产品销售；第三，成功的活动运营会极大地提升用户对企业及其品牌的忠诚度，成为企业的铁杆粉丝。

但是，做活动不能随性而为、没有章法，否则费时费力达不到预期的效果。那么，要想做好活动运营，我们需要遵循哪些章法呢？

（1）要有明确的目标

不管做什么事情，必须要有目标。明确的目标犹如前进道路上的指明灯，会保证我们始终沿着正确的方向前进。所以，我们在做活动时首先要明确目标，这样我们才会以最小的投入收获最大的效果。

（2）要有完善的计划

完善的计划是活动实施的前提，计划贯穿整个活动的策划和实施过程，是快速、有效实现活动目标的保障。有了完善的计划，我们才能控制活动节奏，把握活动流程，应对活动过程中出现的各种事件，确保将活动完美地呈现在用户面前。

（3）要有独特的创意

并非每一个活动都能吸引人、打动人，因为人们往往只会关注有创意的活动，对那些缺乏创意的活动一般不会有关注的热情和参与的欲望。所以，好的活动一定会有独特的创意，或令人眼前一亮，或让人高声尖叫……这样人们才会真正地参与到活动中，进而了解产品、认识企业。

（4）要与用户利益相关

人们往往会更加关注涉及自身利益的事物，也更愿意为之投入大量的时间和精力。所以，好的活动要尽可能与大众利益相关，或为人们带来全新的认知，或能够陶冶人们的情操……这样的活动才会受到关注，也才有可能引爆市场。

（5）活动要"走心"

我们最终的目的是要推动用户将活动分享出去，让活动的影响最大化。这就要求我们在策划活动时站在用户的立场上思考，认真分析怎样才能让他们分享我们的活动。其实，要想让用户觉得我们的活动"走心"，愿意分享我们的活动，我们应当做到以下两点。

第一，以产品性能为基础策划活动。

第二，找准目标用户，明确他们的真实需求，了解如何与他们形成情感上的共鸣。

无活动，不运营。不管是创业的个体，还是披荆斩棘向前迈进的企业，都需要熟悉活动运营，剖析活动运营的内在规律，进而掌控每一次活动，这样才能轻松高效地达到既定的目标。

目　录

第 1 章

无活动，不运营

对于企业而言，活动是运营的必要手段。可以说，没有活动就没有运营。活动又是一个万能载体，可以为企业的产品设计、推广、营销及服务等环节提供路径支持，也能够为企业塑造品牌和树立口碑提供资源支撑。做好活动，企业运营自然就会更加顺畅，不管是企业品牌还是产品品牌，人气都会逐渐高涨起来。

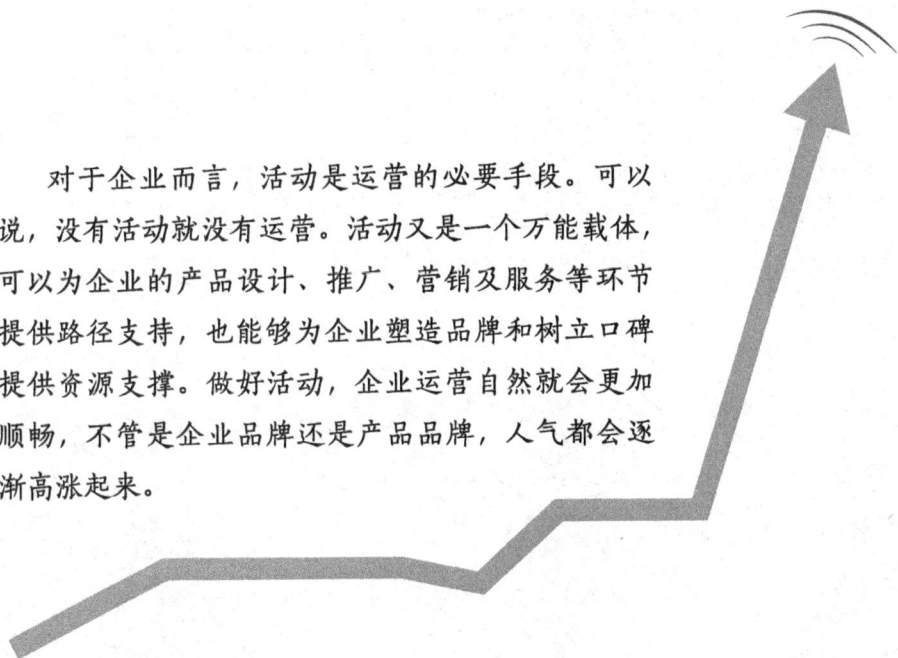

1.1 不懂活动策划，就别说你会运营

企业要想做好运营、提升自身的知名度和经济效益，就必须做好活动，正所谓"无活动，不运营"。活动是企业打造自身品牌的有效措施，而做好活动的关键在于策划。

1.1.1 有创意，运营才会更顺畅

创意是活动的灵魂。创意好不好，将直接决定活动对用户的吸引力是大还是小，决定企业今后的运营能否顺畅进行。因此，企业在策划活动时务必要做好活动的创意策划，让活动看起来或新奇，或有趣，或个性。

1996 年，奥利奥喊着"扭一扭，舔一舔，再泡一泡"的口号进入中国。2006 年，奥利奥成了在中国销量名列前茅的饼干品牌。但是随后几年，奥利奥在中国的人气开始下降。为了扭转局势，奥利奥开展了"花 U 样表情·自造工厂"活动。奥利奥邀请消费者上传自拍照，赢取"别人不能复刻"的 3D 打印表情饼干模型，该活动吸引了 10 万网友参与。奥利奥从海量的网友自拍照中选取 300 多个表情，制作了一本折页书。折页书伸展开的总面积超过了 57 平方米，被吉尼斯授予世界上"最大的折页书"称号（见图 1-1）。

图 1-1　奥利奥折页书创造了一项吉尼斯世界纪录

1.1.2　活动策划的重点在于传播

　　企业要想做好运营，就必须做好传播。只有将自身的产品和服务信息传播到尽可能远的地方，让更多的人知道，才算完成了活动运营的目标，才能提升产品和服务的知名度。随着移动互联网与智能终端的普及和迅猛发展，各种社交平台上充斥着海量的信息，企业的活动信息要想从中脱颖而出、成功吸引用户的注意，是一件非常困难的事情。在这种背景下，企业要想做好活动运营，首先要解决的问题就是传播。

　　2016 年 10 月，一个新名词"蓝瘦香菇"在微信朋友圈开启霸屏模式（见图 1-2）。"蓝瘦香菇"到底是什么东西，为什么能够引起这么多人关注？原来这个词语来源于一段网络视频，这段视频的录制者是广西南宁的一位小伙子，因为和女朋友分手了，心里很难过，很想哭，就录制了一段视频传到网上。但是，这位小伙子的口音比较重，导致他在视频中原本要表达伤感的话听起来都充满了喜感，其中说到"难受""想哭"时的发音就是"蓝瘦""香菇"。网友看到视频之后不仅不觉得"蓝瘦"，反而捧腹大笑，欢快无限。于是，"蓝瘦香菇"这个网络新词便迅速地通过 QQ 空间、百度贴吧、微博、微信朋友圈等社会化媒体传播开。

图 1-2 微信朋友圈中的"蓝瘦香菇"表情包

维达纸业的运营人员从"蓝瘦香菇"的故事中发现了巨大的信息传播价值，便第一时间在其微信公众号中推送了一篇名为《蓝瘦、香菇？不怕，至少还有 TA，可以一直陪你到老~》的文章（见图 1-3）。借助"蓝瘦香菇"故事的巨大人气，"维达陪你到老"的口号也迅速走进了用户内心。在这篇文章中，维达纸业的运营人员除了科普"蓝瘦香菇"故事以外，还做了一个名为"你的朋友有蓝瘦的香菇在刷屏吗"的小调查，充分激发了粉丝的参与感，将话题推向高潮。维达纸业借助"蓝瘦香菇"故事大大风光了一把，提升了品牌知名度。

图 1-3　维达微信公众号借助 "蓝瘦香菇" 故事传播提升品牌知名度

1.2　活动是个筐，什么都能装

　　一提到活动，很多人的第一印象就是做营销、吸引粉丝和卖产品。其实活动的范畴并不仅仅如此，活动对于企业的意义就好比一个硕大无比的筐，可以将所有的资源装进去进行整合，最终倒出来的就是优异的解决方案，可以帮助企业在产品研发、设计、营销和服务等环节做得更好。

1.2.1　活动就是和用户玩

　　活动运营并没有那么复杂，企业只要和用户玩在一起，让用户开心，让用户感受到企业的价值，企业的运营目标自然而然就会实现。

（1）和用户玩价值

产品的核心价值代表了这款产品的核心竞争力。对于企业而言，产品的核心价值只有一个，那就是满足用户的实际需求。企业所要做的就是运用各种方法和渠道，将产品的核心价值凸显出来，并将其转化成用户更容易理解和接受的形式，展现在用户眼前。

知乎网站的核心竞争力就是具有优质内容。为了向用户传递这个核心价值，知乎通过知乎日报（见图1-4）、知乎周刊这样的独立产品，以及EDM、图书、电子杂志等传播渠道来传播网站上的优质内容，以吸引更多的用户。更重要的是，对于那些做出贡献的用户而言，看到自己的名字出现在各个阅读平台上，个人的荣誉感必然会增强，"玩"的劲头自然也会变得更大。

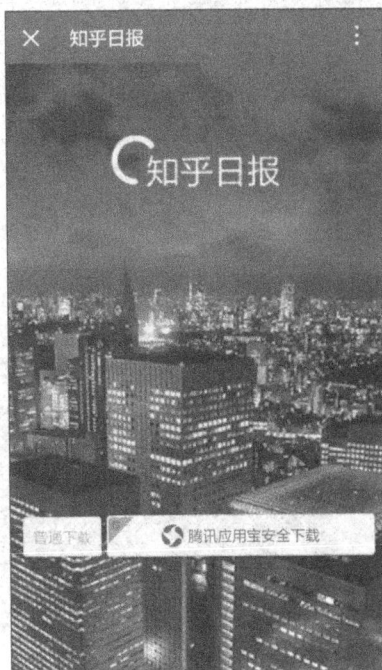

图1-4　传播优质内容的知乎日报

（2）创造新鲜玩法

"互联网+"时代，产品讲究以用户需求为中心并快速迭代。假如企业在这个基础上创造出更新鲜的玩法，就会让产品变得更有普遍性，继而变得更有爆品相。

滴滴出行在春节消费旺季到来之前，为了解决用户回家难的问题，将现有业务包装重组，推出了"春运回家"模块（见图1-5），其中包括各种新式的租车玩法，如顺风车、专车、接送机、代驾等。其实这些都是滴滴的日常业务，但是经过重新整合包装，却创造了一种新的玩法，和用户真正地"玩"在了一起，并取得了良好的经济效益。

图1-5　滴滴"春运回家"宣传海报

1.2.2　活动是个"品牌筐"

不管是卖产品还是卖服务，企业经营的终极目标都是获得利益回报。实现这个目标的前提条件，就是打造独具特色的品牌并不断提升品牌价位，让用户牢牢记住你、接受你、认可你。活动就是企业打造品牌的必然选择。

可口可乐自推出至今仍畅销不衰，成了品牌营销的奇迹。其打造品牌的方法除了利用产品自身的特点之外，还和形形色色的活动运营密不可分。正是通过一系列活动，可口可乐品牌才会在用户心中变得越来越清晰。例如，在一年一度的高考到来之际，可口可乐在上海推出了高考定制瓶（见图1-6），考生只要输入作为身份标识的准考证号，就可以获得独一无二的高考定制瓶，将自己的高中时代印在可口可乐瓶上。这个活动一经推出就受到了广大考生的热烈欢迎，可口可乐也成功地借助这个活动走进了考生的内心，为他们美好的高中时代"留影"。

图 1-6　可口可乐高考定制现场

由此可见，企业可以通过活动在用户心中树立起自身品牌的鲜明形象，将品牌深深地印在用户心中。而用户在消费时，首先考虑的就是品牌因素。这样一来，活动也就间接决定了用户的购买行为。

1.3 用活动为产品加冕

很多企业会将拓展市场的重点锁定在产品上，往往集中大部分甚至所有的资源进行产品研发和创新，他们认为只要产品好，自然就能获得用户的喜爱，在市场上无往不利。但是，事实果真如此吗？

1.3.1 产品功能不再是俘获用户芳心的唯一因素

移动互联网时代，"酒香不怕巷子深"式的营销思维早已过时。虽然产品功能依然是营销的基础，但已经不再是唯一的决定因素。随着社会生产水平的不断提升，人们对产品的需求已经不再局限于最基本的功能，而是越来越人格化。所谓人格化，就是企业在开发、设计产品或服务时，要将潜在用户对各种特性的理解转化为人性化的特征。简言之，人格化就是将产品拟人化或拟物化，为其注入相应的情感，从而拉近产品和用户的距离，最大限度地获得用户的认同。企业可以从产品的外观、功能等方面入手，让它看起来更亲切，更能激发人们的拥有欲望。

腾讯之所以能够一步步发展壮大，最主要的一个原因就是始终坚持产品人格化战略。不论是 QQ 还是微信，都因为其显著的人格化特征——简单、理性、开放、充满温情，而成了用户生活中不可或缺的一部分。腾讯的产品在用户眼中已经渐渐演变成一个个形象丰满的人，拥有独特的气质、个性和文化内涵。

1.3.2 聚焦粉丝带来流量

粉丝经济时代，得粉丝者得天下，企业要想在运营中获得尽可能多的流量，就必须借助粉丝的力量，深挖互联网传播的潜力，从线上和线下同时入手，将自身打造成吸引粉丝的"磁铁"。企业要想获得粉丝，就离不开活动。从这个意义上说，活动做得越好，产品就越容易成为爆品，企业也越容易获得用户的认可和信任。

创建于1984年的联想是一家堪称中国第一代科技品牌的世界500强公司，它在很长一段时间内引领着中国电脑市场的发展潮流。然而，随着移动互联网的兴起，全球个人电脑市场逐步萎缩，以智能手机为代表的智能设备大有取而代之的趋势。同时，国内新兴互联网品牌也顺势崛起。因此，很多人认为联想这样的老牌科技公司已不再符合年轻人的胃口，其产品也不再适应用户的需求。其实不只是联想，任何一家有着几十年历史的企业，都同样面临着产品和品牌老化以及转型的问题。

为了提高自身品牌在年轻人中的认知度，让更多年轻人了解联想、喜欢联想，联想高层将每年的8月8日确定为联想粉丝节（见图1-7）。在这一天，联想会在多个城市举办活动，通过线上促销＋线下活动的方式带给粉丝诸多惊喜。例如，举办10公里摇滚乐疯跑、high翻音乐趴、十城直播放肆告白等特色品牌活动。联想通过这些个性十足的活动与年轻的用户和粉丝进行互动，并展现旗下多款产品充满创新和年轻化的一面。

图 1-7　充满激情的联想粉丝节

1.3.3　活动提升用户忠诚度

对于企业而言，培养铁杆粉丝不可能是一蹴而就的。这是一个慢慢积累的过程，就像喜鹊搭巢，必须日复一日地衔回枝条，最终才会搭建成一个温暖的家。而举办各种各样的活动无疑是企业展示形象、提升人气的最常用营销技巧。做好了活动，企业在粉丝心目中的形象自然会越来越清晰，积攒下来的口碑也会越来越好，培养自己的铁杆粉丝也就变得更容易。

那么，企业在做活动时需要注意哪些问题呢？

世界著名的餐饮巨头麦当劳在每年 6 月 1 日都会推出带有很多款玩具的儿童套餐（见图 1-8），还赋予每一件玩具特有的性格、喜好等个性化因素，使每一件玩具都与众不同。因为这项活动的参与门槛低，只要当天进店消费就可以参加，再加上个性化玩具的吸引，很多小朋友为了集齐一个系列的玩具就会重复光顾，这为麦当劳门店带来了大量的人气。

图 1-8　麦当劳的"六·一"套餐玩具

1.4　不仅要赚吆喝，更要赚银子

　　企业做活动的目的是什么？从表面上看，这个问题可能会有很多答案，如吸引粉丝、提升人气、为品牌镀金、和用户互动、提升服务质量等。这些答案其实可以概括为赚吆喝——提升自身知名度，树立良好的口碑和形象。从本质上而言，做活动的最终目的还是要赚银子——通过一系列活动吸引更多消费者购买产品和服务，获得最大的经济回报。

1.4.1　吸引媒体的关注，赚吆喝

　　企业举办系列活动的一个重要目的就是吸引媒体的关注，借助媒体的影响力迅速提升自身品牌的知名度，最大限度地引爆人气。也就是说，企业举办的活动必须善于"占领"舆论高地，懂得如何抢首发、上头条。只有站在最显

眼的位置，企业才具备如明星般的光环，才能引发消费者的持续关注。

　　当今社会信息量巨大，假如企业只做一些"小打小闹"的动作，很容易就会被淹没在信息的大海之中，激不起一丁点浪花。企业要想占领舆论高地，就必须找到具有头条价值的事件，在活动的深度和广度上做文章。例如，江小白酒业就很善于将自身产品与热点事件、热门话题、亲情、友情结合在一起，借助事件与情感因素来提升自身品牌的文化内涵及亲和力，从而获得消费者的关注和共鸣。

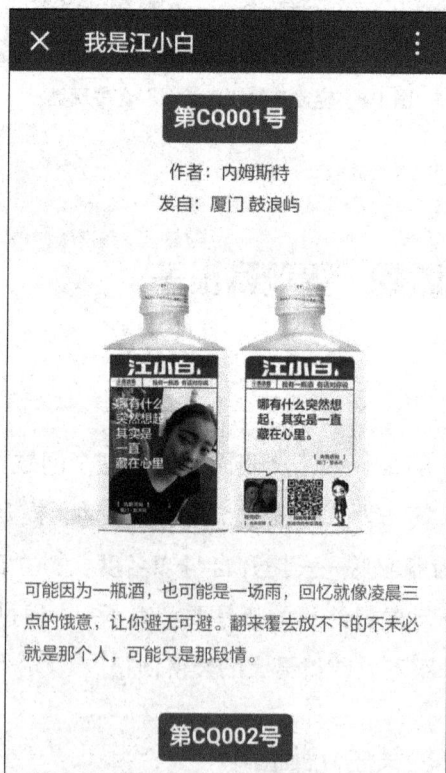

图 1-9　消费者的江小白表达瓶

　　为了塑造自身在消费者心目中的亲和形象，提升品牌的影响力，江小白酒业在其微信公众号"我是江小白"上推出了"表达瓶的正确解读姿势"系列活动，面向消费者推出了表达瓶，将话语权交给消费者（见图1-9）。这样一来，江小白酒业就将每一位消费者都变成了潮流的制造者。每一位消费者都可以在瓶身上表达自己的心声，描述自己的梦想，甚至还可以将自己的头像印在江小白系列产品的酒瓶上。对于消费者而言，"江小白"这个品牌已经成为展示自身个性和追求梦想的舞台。因此，消费者对江小白产生了更大的好感，而江小白的这次创意性活动也引起了媒体的报道热潮。

1.4.2 赚吃喝的目的在于赚银子

企业举办活动的最终目的就是盈利，即卖出产品和服务以获得利润。不管是何种性质的活动，如慈善公益、选美走秀和粉丝节，都是为了在打造良好口碑的基础上获得用户的好感和信任，尽可能多地卖出产品和服务，赚取真金白银。

自淘宝推出"双11"大促销活动以来，"双11"就渐渐演变成了购物者的狂欢节、企业的"摇钱树"。正因为"双11"的影响力巨大，所以每年都会登上各大媒体网站的头条。假如企业能够利用好"双11"这个节点，创造出色的业绩，自然就具备了登上头条的潜力，最终成为大众关注的焦点。

2015年的"双11"结束之后，三只松鼠立即在其微信公众号上贴出战报，引发了各大媒体的关注，并预言在下一年的"双11"要干5亿元。而到了2016年的"双11"时，这个预言真的实现了——3分钟，突破1000万元；28分钟，突破1亿元。最终，三只松鼠的全渠道销售达到5.08亿元（见图1-10），荣登天猫"双11"的Top商家榜第7名！这个数字比2015年增长了73%。这一天有超过1400万人进入松鼠店铺，"制造"了460万单包裹。假如将这些包裹堆积起来的话，相当于107个珠穆朗玛峰的高度！这样的成绩再配合上"双11"的超级媒体热度，使三只松鼠成功抢占了各大自媒体头条，让三只松鼠之名更加响亮！

图 1-10　三只松鼠在微信公众号晒出"双 11"成绩单（单位：元）

1.5　活动的五个类型和路径

活动运营对于企业开拓市场的作用无疑是非常重要的。企业如果把握得好，就能利用活动运营名利双收，不仅在当前市场站稳脚跟，还可以进一步挖掘市场的潜力，为自身储备更加强大的发展动力。要想做好活动运营，最重要的前提是企业要搞清楚活动的类型和路径，宏观地了解和掌握活动。只有这样，企业才能在实际运营中更有效地选择活动方向，以最少的投入获取最大的回报。

1.5.1 互动型活动

互动型活动的着眼点在于加强与用户的互动，其形式比较大众化，内容比较亲民、有趣。例如，微博上很多"段子手"会采用互动型活动提升用户的参与感，他们经常发起"你吃过的最难吃的食物是什么""你请假用过的最奇葩的理由"之类的话题活动；知乎也经常发起"失恋是一种怎样的体验""你能忍受的疼痛极限"之类的话题与用户互动。

互动型活动有三个要点：一是活动（或话题）要大众化，使用户都能参与；二是活动（或话题）要有趣，使用户有兴趣参与；三是活动（或话题）必须适合用户互动和参与。

1.5.2 猎奇型活动

猎奇型活动的特点在于独特、新奇，甚至怪诞。例如，"武汉大学惊现女学霸，连续通宵自习 3 晚"，用户看到这样的新闻一般都想点击看一看内容。

猎奇型活动一般依靠以下三种方式吸引用户。

第一种方式是依靠活动内容的新奇来吸引用户，用户会因为好奇而产生点击甚至分享的欲望。例如，微博上曾经很火的"麻辣烫话题"等，就是利用人们的好奇心以及事件的怪诞来吸引用户的关注。

第二种方式是依靠活动对象的新奇来吸引用户。最常见的就是利用明星或者校园红人来吸引用户。依靠明星来策划活动，门槛相对比较高，但效果特别显著。

第三种方式就是依靠活动形式的新奇来吸引用户。例如，暑期朋友圈中传播很火的吴亦凡即将入伍 H5，就是依靠明星和酷炫的 H5 展现形式来吸引用户。后来，美的、美丽说也借鉴了这种形式来吸引用户的关注和分享。

1.5.3 体验型活动

体验型活动和互动型活动有一定的相似性。互动型活动一般是参与用户和活动主办方进行交流互动，而体验型活动则是用户在活动主办方创造的条件下体验某种东西。例如，"硅谷互联网公司试吃行""我和校花校草有个约会""周星驰新电影观影会"和"发呆大赛"等，这些活动的核心是为用户创造条件和环境，让他们体验自己不曾体验到的某种东西。

体验型活动是目前用户接受度较高的一种活动形式，它可以弱化广告的色彩。而且，用户可以直接参与到产品体验中，获得比较直接的产品体验。但是，体验型活动的组织成本也相对较高。

1.5.4 隐私型活动

隐私型活动是目前被诟病比较多的一种活动形式，当然也是传播效果比较明显的一类活动，因为它往往和不好意思公开的话题相关，如"BOSS 吐槽大赛"等。

隐私型活动需要注意分寸和尺度，稍有不慎就容易被举报和投诉。不过，正能量的隐私型活动还是很受用户关注和追捧的。

1.5.5 认同型活动

认同型活动是目前在微信平台很火的一种活动形式，其在于获取某种自我认知或者得到别人的评价。例如，探探曾经做过的"你懂我吗"H5 活动，小柚曾经做过的"人品打分"，又如朋友圈很火的"你下半年的运势""十年后 ×× 将拥有 1000 万财富"，或者获取别人对自己的评价，如"颜值打分""你最好的朋友是"等。

1.6 活动跨界，掀起狂欢的盖头

活动跨界就是跨领域搞活动。活动跨界做得好，企业不仅可以扩大自身产品的用户群，还可以通过与其他行业厂家、商家的联合营销活动实现强强联合，达到"1+1>2"的效果。特别是在"互联网+"时代，跨界活动能够为企业带来更高的人气，为企业的爆品战略提供强大的助推力量。

1.6.1 活动伙伴之间要有互补性

对于企业而言，搞活动跨界需要精挑细选合作伙伴，并不是随便找一个就能将活动做好的。企业在挑选合作伙伴时必须坚持互补性原则。也就是说，对方的优势正是企业自身的短处，而企业所具备的优势也是对方所急需的。这样一来，活动双方就能通过跨界合作实现强强联合，制造巨大的轰动效应，最终实现共赢。

（1）从线上和线下的互补性入手

"互联网+"时代，线上企业和线下企业之间所拥有优势的差异性越来越大。线上企业在成本上所具有的优势相对于线下企业较为明显，而线下企业则在门店数量和用户体验上相对线上企业更有竞争力。所以，企业在寻找跨界活动伙伴时可以根据自身的属性，寻找具有互补性的对象，将自身和对方的资源优势充分地糅合在一起，进而产生引爆效应。

微信钱包和支付宝已经占据了移动支付市场的大部分市场份额，而京东为了实现自身的生态布局发展战略，也必须要进入移动支付领域。但是，怎样才能在微信钱包和支付宝瓜分市场的背景下崛起呢？京东将发力点锁定在跨界活动上，计划和麦当劳策划一次活动。京东通过前期调查发现麦当劳在全国有着数量众多的门店，具有自身所不具备的人流资源，假如能够通过麦当劳的门店绑定消费者的手机，那么必定能够最大限度地引导消费者的手机支付模式。于是，京东在 2015 年联合麦当劳进行了一次跨界活动（见图 1-11），全国消费者通过京东 App 和"网银+"购买麦当劳的特定套餐，就可以享受到一定的优惠：使用京东 App 立减 5 元，使用"网银+"支付可再减 5 元，每个 ID 限定购买一次。这样一来，消费者同时使用京东 App 和"网银+"，就相当于每款套餐可以节省 10 元，京东就使用这样的方式引导消费者下载其 App 和使用"网银+"。

图 1-11　京东联合麦当劳举办跨界活动

这项活动一经推出，基于麦当劳的强大人气资源和京东的价格优势，京东手机客户端的下载次数迅速超过了 3000 万，京东因此成功地进入移动支付市场，获取了第一批用户。而对于麦当劳来说，借助和京东的这次合作，通过优惠的价格也大大带动了套餐的销售。

由此可见，企业在进行跨界活动时要分析自己的受众，并通过市场调研找到可以和自身优势互补的合作伙伴。

（2）从产品或服务的互补性入手

企业寻找跨界活动合作伙伴时，还可以通过产品或服务的互补性来锁定目标。一种产品或服务有时候会需要和其他产品配套才能产生最好的体验，达到最佳的销售效果。

Mini 属于汽车品牌，而 Puma 是服装品牌，二者看似毫不相干，但在消费体验上有着很多的共性：追求自信，崇尚年轻的心态，热爱自由，把追求运动和时尚作为一种生活态度。双方正是基于在体验上的这种互补性签署了一项市场推广协议，规定 Mini 在黑色 Cooper 车身外部打上 Puma 的 Logo，Puma 则专门设计出一款黑色的驾驶用鞋——Mini 运动二分鞋作为回报。这样消费者只要购买其中一种产品，就会获得两种产品的体验，双方借助这项跨界活动成功提升了自身品牌的人气（见图 1-12）。

图 1-12 Mini 和 Puma 跨界活动收获双赢

1.6.2 准确寻找共鸣点

企业举办跨界活动除了要从互补性入手之外，还需要准确寻找共鸣点，这样才能产生"1+1>2"的效果。例如，企业可以根据自身品牌特色和目标消费者定位选择那些有相同特色或消费人群的企业。

（1）有共同的消费群体

企业要想在跨界活动中和合作伙伴取得共鸣，拥有相同的消费群体是必不可少的前提条件。只要有相同的目标消费群体，无论跨度多大都能产生共鸣效应，从而可能令跨界活动产生意想不到的效果。

可口可乐在调查中发现，西捷航空和自己的目标消费群体相同，都是追求个性，喜欢接触时尚、好玩、新奇事物的年轻消费群体。于是，可口可乐联手西捷航空，决定从当下流行的个性化定制入手，迎合年轻消费者的趣味化和娱乐化心理需求，调动他们参与活动的积极性。首先，可口可乐在卡尔加里国际机场内设置售卖机，让准备乘坐西捷航空公司航班的乘客分享给好友定制的可乐瓶（见图1-13）。然后，乘客自己也会收到一个可乐瓶，此瓶可以当登机牌使用。同时，西捷航空也会为在座位上的用户送一份定制可乐。当航班到达哈利法克斯国际机场时，乘客的好友已经拿着带有自己名字的可乐瓶在等待了。最后，双方相见，分享可乐。这样一来，乘坐西捷航空航班的乘客见到了分享可乐的好友，双方都拿着带有自己名字的可口可乐，他们在社交媒体上分享的积极性也大大提升。于是，可口可乐定制瓶变身登机牌的活动就通过各种社交媒体传遍世界各地。

（2）和潮流色彩浓厚的伙伴合作打造文化共鸣

"互联网+"时代，潮流无处不在，对人们的影响也非常深刻。假如企业能够和潮流色彩浓厚的伙伴进行跨界合作，合力打造文化气息浓厚的活动，势必能够营造出强大的文化冲击力，最大限度地引爆人气，形成轰动效应。

电动车行业的翘楚——爱玛电动车在跨界时就倾向于选择具备新锐生活态度和审美方式的伙伴。爱玛电动车联合"百变造型魔法师"，推出了一场色彩斑斓的迷彩秀。在发布会现场，法国香奈儿5号香水瓶式的舞台设计充

满了潮流感，在场的观众仿佛置身于巴黎时装周活动，可以欣赏模特迷彩秀
（见图 1-14）。这种充满潮流感的跨界活动，带给了消费者一场充满视觉震撼
力的文化大餐。

图 1-13 可口可乐登机瓶

图 1-14 爱玛电动车的模特迷彩秀

第 2 章

用主题点亮活动预期

　　活动举办得好不好，主题是一个最直接的决定性因素。好的主题能够让用户"一见钟情"，被深深吸引；平庸的主题则成为用户眼中的"过客"，留不下任何印象。因此，企业在活动运营中要特别注重主题的策划，用好的主题为活动奠定坚实的基础。

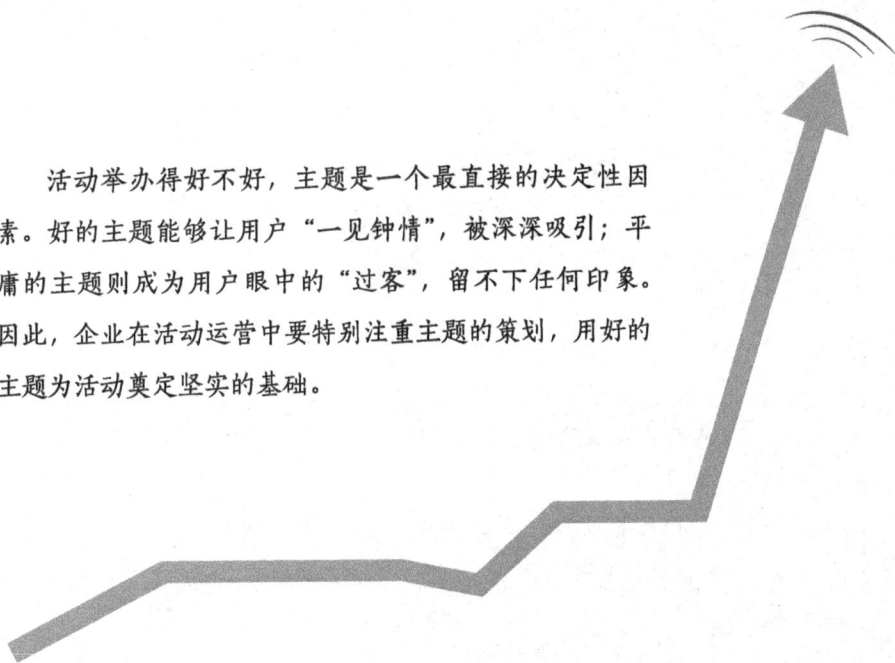

2.1 点亮主题的核心是明确为谁设计

活动要想成功点亮主题，最核心的元素不是所谓的创意，而是明确为谁设计，继而快速地走进用户的内心，引发用户的共鸣。正如产品设计需要定位目标用户人群一样，主题设计也需要有清晰的目标用户。

2.1.1 为用户画像

成功的活动在策划之前一定要明确主要的目标用户群体。只有明确了目标用户群体，活动主办方在策划时才能做到有的放矢，也才能在各个环节中融入目标用户群体的喜好。而要明确目标用户群体，就需要为用户画像。

为用户画像的目的就是找到用户的真实诉求点，进而为活动策划提供依据。活动运营人员应通过对用户信息的采集、分析、总结，最终生成用户画像，进而制定更加鲜明的主题和运营方案。

（1）用户画像分析逻辑

为用户画像，必须先了解用户画像的构建和分析逻辑。一般而言，用户画像需要从信息采集、贴上标签、丰富信息、拿出方案四个方面入手（见图2-1）。

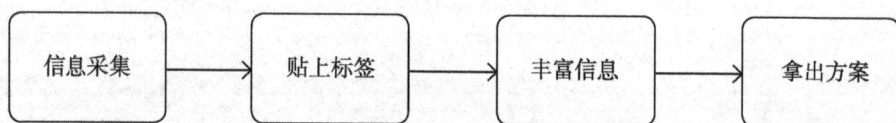

图 2-1　用户画像流程

（2）信息采集与分析

为用户画像的第一步就是收集目标用户的基本信息。目标用户的基本信息包括三个方面，即用户的个人信息、社会关系和消费水平（见图 2-2）。

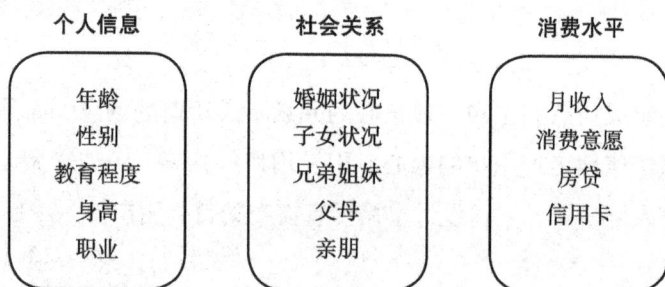

个人信息
```
年龄
性别
教育程度
身高
职业
```

社会关系
```
婚姻状况
子女状况
兄弟姐妹
父母
亲朋
```

消费水平
```
月收入
消费意愿
房贷
信用卡
```

图 2-2　用户信息采集与分析

采集完用户的基本信息之后，活动主办方还应采集用户的行为特征。所谓行为特征，可以简单理解为用户无意识的惯性行为。活动主办方掌握了用户的行为特征，就可以推断出用户的心理特征。例如，用户习惯使用高端团购 App，那么就能推断出该用户对生活品质的要求比较高，有较高的品位。

（3）为用户打上标签

通常而言，不同的用户群体对活动类型的喜好会存在差异，其参与活动的目的也会不同。细分用户群体可以使问题变得清晰，同时也可作为划分用户画像优先级的依据。活动主办方根据采集到的用户信息对用户进行分级，为其打上专属标签，根据标签细分用户，从而最大限度地满足用户的喜好和需求。

（4）丰富用户信息

丰富用户信息是为用户画像过程中最需要打磨的一个部分。对采集到的大量枯燥、凌乱的数据进行分析并赋予更多的元素，让其成为鲜活的个体，非常考验活动主办方的敏锐度和细腻度。活动主办方丰富前期采集到的用户身份、家庭、消费、喜好、行为、职业、人际关系等信息，进而可以构建出鲜活、全面的用户形象。

结合马斯洛需求层次理论，处于基础需求层次的用户更倾向于参与个体影响的活动。低调、谨慎、注重别人对自己的看法符合用户对安全感的追求，高阶需求的用户在参与影响力大的互动活动时则会有更大的积极性。通过丰富用户信息，结合马洛斯需求层次理论，活动主办方可以有针对性地设计活动的主题，吸引各种类型的用户关注和参与活动，最终达到预期的目标。

2.1.2 明确活动目的

为用户画像后，活动主办方就可以细分目标用户，从而根据主体用户的需求明确活动的目的。活动主题好不好，最重要的一点在于能不能打动目标用户，引起目标用户的关注。而要想做到这一点，活动必须要有清晰的目的。

活动主题所表现出来的目标必须要针对主要用户群体的需求，目标用户群体的主流需求是什么，活动主题就确定什么目标，这样才能使活动产生强大的吸引力。例如，目标群体是年轻用户，那么活动主题就可以与爱情有关，如帮助年轻人表达爱慕之情。这种针对性强的主题往往能够引爆目标用户群体，获得超强人气。

ofo 小黄车通过大数据分析用户骑行规律之后，得出了这样的用户画像：年轻化、有朝气、喜爱运动、时尚。据此，ofo 小黄车在高考期间推出了以"助力高考"为主题的全国免费骑行活动（见图 2-3）。"助力高考"这个主题简单明了，用户看到之后第一时间就能明白自己在这项活动中所能得到的利益。特别是对于参加高考的学生及其家长而言，这项活动不仅提供了免费的交通工具，还传递了一种社会责任和温情。

图 2-3　ofo 小黄车的"助力高考"宣传海报

2.2　易理解，有趣味，能共鸣

　　成功的活动在主题设置上必须遵循三个原则：易于理解，富有趣味，能够产生共鸣。只有满足了这三个原则，活动才能真正走进用户的内心，从形式到内容全面提升用户的参与感。

2.2.1 活动主题设置要易于理解

从心理学上看，大多数人都讨厌复杂的事物。在面对复杂的事物时，人们的情绪会变得比平时更烦躁，甚至会产生强烈的厌恶感。特别是在快节奏的互联网时代，每个人的时间都很宝贵，假如活动太复杂，那么用户就会甚至连看一眼的欲望都没有。而主题越简单、越容易理解的活动，反而越容易吸引大批用户参与。

活动主办方要想在最短的时间让用户对活动产生印象，激发其参与感，就需要主题简练精干、直观易懂，让用户不用思考，一看就能够明白。

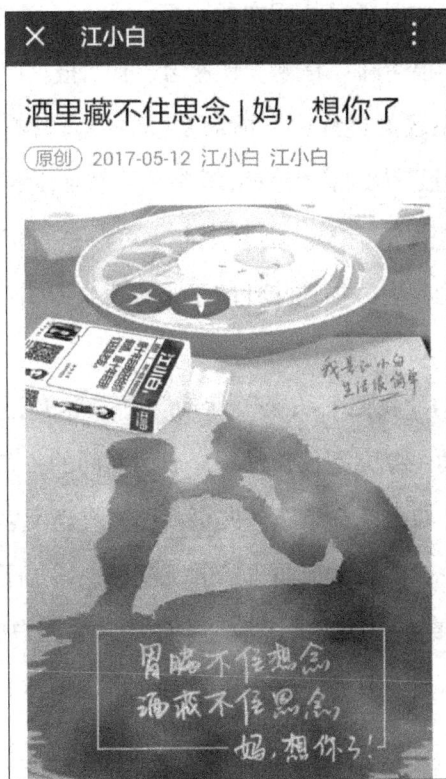

图 2-4　简单、易于理解的活动主题

主打青春小酒的江小白在做活动时就坚持主题简单化。例如，其在母亲节到来之际发起的"感受母爱"活动，主题就是简单的四个字"妈，想你了"，没有华丽的修饰，也没有什么噱头，简单直接，一下子击中了消费者思念母亲的心，引发了大家强烈的参与感（见图 2-4）。

2.2.2 主题要有趣，富有分享力

在简单、易于理解的基础上，活动主题还需要具有一定的趣味性。活动要想更有影响力，在吸引用户参与的同时还需要引导用户分享传播。不管是参与还是分享，都需要紧紧抓住用户的心理。那么，用户热衷参与什么主题的活动呢？答案其实很明确：有趣、有悬念、有回报。

因此，在设计主题的过程中，活动主办方要坚持有趣的原则，突出主题的趣味性和娱乐性，力求让用户乐于深入了解活动，喜欢活动，甚至对活动一见钟情。要想做到有趣，活动主办方可以从目标用户的喜好、当前的流行元素入手，为主题添加趣味性因子，打造亲近感，推动用户积极主动地分享活动主题。

网易娱乐举办的"我要上头条"活动（见图 2-5），主题除了简单，还充满了娱乐性。活动主办方不仅帮助用户成为新闻的主角，还从整体形式上营造了一种真实感，即生成头条新闻的页面和网易新闻客户端的页面一模一样，让用户产生一种自己登上新闻头条的沉浸感，增加了用户参与活动的仪式感和权威性。"我要上头条"这个活动主题抓住了用户的炫耀、搞怪心理，用有趣刺激用户分享，吸引了用户积极参与，形成了良好的品牌效应。

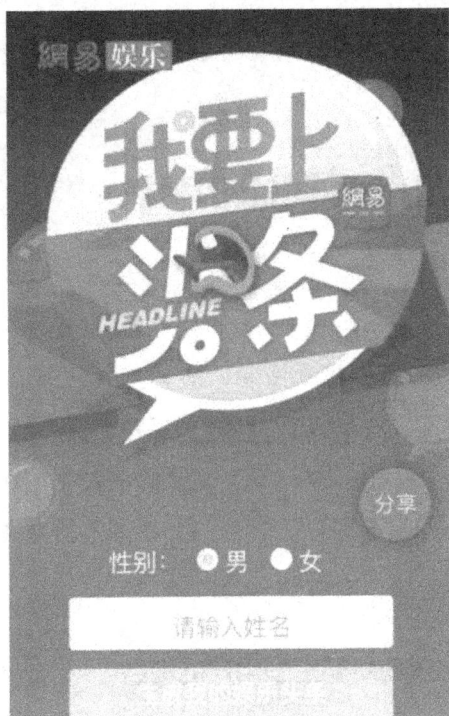

图 2-5　网易娱乐的"我要上头条"活动页面

2.2.3　主题要有情感属性，能引发用户共鸣

《乌合之众》一书中有一段关于情感的描述："人与人之间差异最大的，或许就是智力了。但是，同一种族的所有人却有着非常相似的本能与情感。"由此可见，情感是人的共同属性，不管是谁，都有情感需求。

人是情感性的动物，每个人都会被亲情、爱情、友情所羁绊，为情所愉，为情所伤，终其一生生活在情感的网络里。基于此，活动运营要想达到预期的目标，进行裂变式传播，就必须响应用户的情感需求，为用户带来情感上的满足和愉悦。当活动主题所蕴含的情感和用户的情感需求产生共鸣时，活动在用户眼中将更有参与性，更值得分享。

2.3　直接说出用户所能得到的利益

要想让用户关注活动，喜爱活动，活动主办方就必然要在活动中满足用户的需求。人们关注事物的出发点除了好奇之外，大多与自身的需求有关——需要的必然会关注、喜爱；不需要的就不去关注和参与。所以，企业的活动要想在第一时间引起用户注意，一个最有效的办法就是直接说出用户所能得到的利益，满足用户的需求。

2.3.1　直接说出活动所能给予用户的利益

为什么要举办活动？用户参与活动能够得到什么好处？假如活动主题能够直接回答好这两个问题，就能在最短的时间内形成磁石效应，吸引用户关注活动，传播活动信息。

新世相为了鼓励大家读书，曾经举办过一次"丢书大作战"活动（见图 2-6），将 10000 本书丢在了北京、上海、广州的地铁、航班和顺风车里，丢出去的每本书上都会有一张"丢书大作战"的贴纸和一个二维码。每一位找到书的参与者都可以带走这些书免费阅读，如果扫描书上的二维码进入这本书的专属系统还可以看到丢书人的留言。这项活动的主题直接说出了用户所能得到的利益，即知识、愉悦、传播，于是吸引了越来越多的人参与其中，一时间引发了巨大的关注。

图 2-6　新世相的"丢书大作战"推文

2.3.2　围绕用户的基本需求构建场景

对于用户而言，需求总会存在一种最基本的层次。企业在策划活动主题时要学会围绕用户的基本需求营造氛围、构建场景，从而使活动能够直观地契合用户需求、愉悦用户。这样才能最大限度地获得用户的好感，成功点燃用户的参与热情，引发传播热潮。

新世相基于人们对食物的基本需求，和华帝厨电共同推出了深夜美食剧《你的味道》（见图 2-7）。这项活动的主题非常直观，而且在美食的基础上构建了强大的参与场景。每集上线之前，新世相都会发起一次故事征集活动，引导大家讲述自己和美食相关的故事。被选中的 10 个人能够拿到新世相送出的免费机票，飞到某个城市的某家餐厅，重温记忆中难忘的味道。而且，自己的美食故事还有机会进入该美食剧。主题"你的味道"抓住了人们对吃的基本需求，又添加了诸多互动场景，一经推出就引发了广泛的参与热潮。

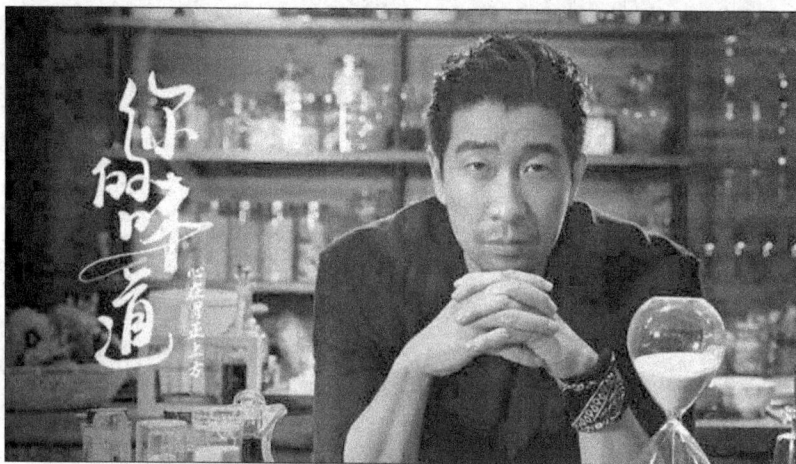

图 2-7 美食剧《你的味道》截图

2.3.3 满足用户的个性化需求

随着生活水平的不断提高，人们对活动的兴趣已经渐渐脱离了最初的功能性需求，而越来越看重个性化的情感满足。在这种背景下，活动主题的直观性利益必须迎合目标用户群体的个性化情感。做到了这一点，活动自然就能快速地吸引目标用户的关注，引发目标用户的共鸣，在用户心中留下深刻的印象。

2016 年，肯德基和支付宝强强联手，打造了更有个性化的主题活动（见图 2-8）。活动主题除了很直接地告诉用户所能获得的利益之外，还加入了个性化的元素。除了普通用户在 12 月 10 日当天使用支付宝购买肯德基产品享受 7 折优惠之外，肯德基还会在"双 12"期间为受邀用户提供享受 5 折优惠的定制款"1212 生日桶"。据统计,有 800 万生日用户在"双 12"期间收到了个人专属邀请函,这些邀请函分为男生和女生两个版本精准送达。

图 2-8 肯德基联手支付宝推出个性化活动

2.4 用沉浸感装饰活动主题

沉浸感就是让人专注于当前的目标情境,获得愉悦和满足。这是参与、融入、代入的过程，也是强烈的正负情绪交替的过程。对于活动主办方而言，假如能够在主题中融入沉浸感，让用户全身心地投入到活动中，那么其受到的关注就能更上一层楼。

2.4.1　主题要有挑战性

挑战和技巧是影响活动主题沉浸感的主要因素。假如活动的挑战性太高，那么用户参与进去后觉得对结果缺少控制能力，继而产生焦虑情绪和挫败感；反之，假如活动的挑战性太差，那么用户则会觉得太过平淡、无聊，失去参与活动的兴趣。所以，活动主题要具备适度的挑战性，既能让用户觉得有趣，有参与的价值，又要让用户认为自己有能力驾驭，能够形成良好的活动预期。

美国的汉堡王在 Facebook 上曾经举办过一个"朋友贵还是面包贵"的营销活动，其主题就是"以朋友换面包"。参与活动的人只要删除自己 Facebook 上的 10 位好友，就可以免费得到一份王牌汉堡。这个主题对活动参与者而言非常有挑战性，因为当用户为了免费的汉堡而删掉自己的好友时，被删掉的好友也会收到通知，内容是"我为了一个免费的王牌汉堡，把你从我的好友名单中删除了！"意思很明显，参加活动的人"卖友求包"。

这种删除好友的活动显然和用户尽可能地建立自己的社交网络的初衷相违背，也有可能对朋友之间的信任产生一定的冲击。但汉堡王正是看中了这种挑战性，将活动和用户的现实生活尽可能地交融在了一起，让用户完全沉浸在活动所制造的矛盾中。最终，数以万计的人删除了共计 23.4 万位好友，有 1.3 万个博客、网站报道了这次活动，因而掀起了一场汉堡王传播盛宴。

2.4.2　主题要有故事性

要想让活动的主题更有沉浸感，更能吸引用户的关注，除了要添加适度的挑战性元素之外，还需要有一定的故事性。很多人都有过这种经历：在听故事时会被其情节深深地吸引，自己会情不自禁地随着故事中人物的经历而喜怒哀乐，甚至会幻想自己成为故事中的主角，去改变故事的发展走向。其实，这就是我们沉浸于故事的表现。

百事可乐在猴年新年到来之际开展了一项营销活动：邀请六小龄童拍摄了一部故事性的主题迷你电影，名为《把乐带回家之猴王世家》（见图2-9）。这部影片讲述了六小龄童在因白血病去世的哥哥的鼓励下走上表演道路的历程。影片中的两句广告语"苦练七十二变，方能笑对八十一难"和"把快乐一代一代传递下去，是为了让更多人把乐带回家"都很感人。影片获得了巨大的成功，其观看量达到了2亿人次以上，有几十万人点赞和分享。

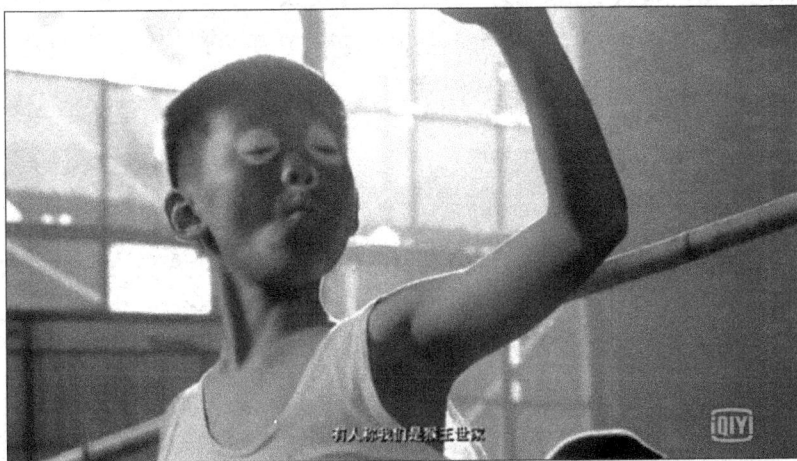

图2-9 《把乐带回家之猴王世家》剧照

百事可乐的这次活动之所以能够达到这样的火爆效果，就在于其活动主题很有故事性，抓住了《西游记》这个国民第一IP，因而在主题上满足了一些观众渴望在猴年春节听到"美猴王"故事的心理。

2.4.3 主题要有画面感

绚丽精致的画面能够让用户产生更加愉悦的情绪，当活动主题带有明丽的画面感时，其在用户眼中就会更有魅力。如此一来，用户自然也就更愿意花时间参与活动，沉浸在活动的过程中。活动主办方可以利用色彩、细节、场景、噱头等方法来强化主题的画面感，让用户在接触主题时能够快速地沉浸到主题释放的画面中去。

Peroni（意大利啤酒品牌）在伦敦市中心建立了一个名为"意大利之家"的酒馆，顾客可以在这里找到亲临意大利的感觉，从嗅觉、听觉、味觉三个维度感受意大利风情；沃达丰手机在伦敦赞助了世界第一款多感官的新年焰火，不同的气味随着焰火的颜色而变幻，使观看者得到了充分的感官冲击；新加坡旅游局邀请少数幸运的游客前往一个秘密岛屿，他们在那里体验了小岛的独特风情，品尝了当地的特色美食，并在数字化舞会中结束一天美好的行程。这些活动的主题都带有鲜明的画面感，让用户情不自禁地沉浸其中，因而能够获得了巨大的成功。

2.5　获得口碑证明，反促活动话题传播

用户之所以关注和参与某项活动，是因为它能够在某些方面满足用户特定的需求。这些需求可以是功能方面的，也可以是情感方面的。通过外界的给予或自我感觉的获取，用户最终产生了对活动的兴趣和信赖。大量存在的活动信息、信息的不对称，以及直接或间接获得的不愉快的活动经历，都让用户只有在得到外界支持的情况下才会更加积极地参与到活动中去。于是，活动的主题就需要获得口碑证明，让用户自发地传播活动信息，继而影响更多的用户信赖活动、参与活动。

用户对活动的信赖包含两个方面：一是对活动主题、品牌的信赖；二是

由情感引发的信赖。那么，活动如何才能赢得用户的口碑证明呢？

2.5.1 明星代言

活动主办方可以邀请明星做活动代言人，利用其知名度促成用户对活动主题的好感和信赖，从而迅速打造活动品牌。

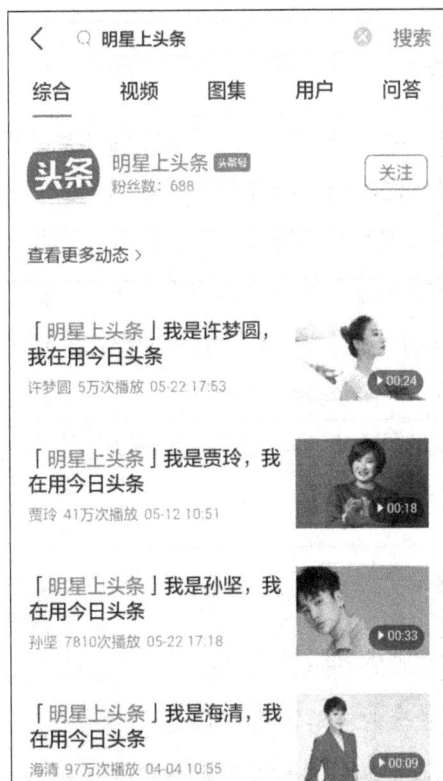

图 2-10 今日头条的"明星上头条"页面

今日头条是一款基于数据挖掘的推荐引擎产品，它为用户推荐有价值的、个性化的信息，提供连接人与信息的新型服务，是国内移动互联网领域成长最快的产品之一。今日头条在活动运营中非常善于和明星强强联合，让明星为活动代言。其推出的"明星上头条"活动（见图 2-10），以明星亲身经历为活动主题打造了金字招牌。明星都要上头条，那么明星的粉丝还有什么理由不看今日头条呢？借助明星的影响力，截至 2017 年 2 月底，今日头条的激活用户数已经超过 7 亿，日活跃用户数超过 7800 万，单用户日均使用时长超过 76 分钟，日均启动约 9 次，已经有超过 50 万个个人、组织开设了头条号。

2.5.2　用户传播

从某种意义上看，活动参与者对活动主题的理解和传播也是口碑传播的一个过程。例如，用户在参加一些专业性比较强的活动时会咨询有过活动经历的朋友的意见，询问相关的活动体验。通过相关参与者的描述，很多愉快或不愉快的活动参与经历都会被传递给用户。因此，活动主办方不妨利用这个特点控制活动主题和流程，从而促使参与者能够为其他用户提供更多正面的评价信息。例如，很多企业免费派发洗发水的试用小包装，免费品尝红酒，免费品尝火锅料理，这些活动的目的就是通过使用免费产品的用户将活动和产品信息传递给更多的人。

2.5.3　情感证实

在对活动主题和品牌的体验过程中，用户会提供以下情感体验。

（1）实际体验所带来的情感体验

用户通过实际参与对活动主题有了更加深刻的理解，获得情感利益，从而对活动主题产生好感和信赖。另外，假如用户长期参与一项活动，其对活动主题的理解会更加透彻、全面，产生难以割舍的情感，并将其视为自身生活和生命中不可或缺的一部分。

（2）与活动品牌沟通所带来的情感积累

一些以社交为主题的活动能满足用户的社交需求，进而使他们对相关活动品牌产生好感和信赖。

（3）场景融入所带来的情感积累

一些活动主题带有憧憬、怀旧、浪漫等情感，会在一定程度上减少用户与活动之间的距离感，让用户对活动主题快速产生喜爱之情，进而促使用户为活动代言。例如，以婴儿健康为主题的活动吸引了众多女性的关注，相互关爱的浪漫爱情主题令青年男女沉浸其中等。

第 3 章

活动运营的用户思维

要知道活动最直接的目的是取悦用户，获得用户的信任。而要做到这一点，企业就必须学会站在用户的视角去思考活动，设计活动。只有这样，活动才能快速走进用户的视野，引发用户的共鸣，最终获得用户的认可。

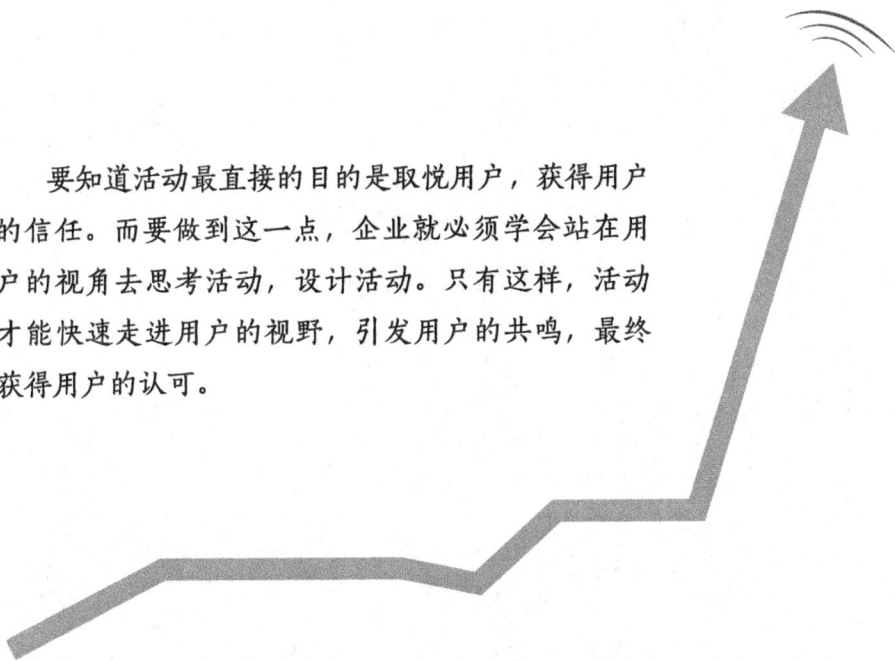

3.1 好活动要最大限度地迎合用户心理

成功的活动必然会最大限度地抓住用户的心理。那么，用户是因为什么样的心理才会参加活动呢？活动主办方不妨从活动的流程角度出发，抓住四个框架，就能完美地回答这个问题。

3.1.1 初次接触

一般而言，不管是线上活动还是线下活动，只有在和用户初次接触时让用户产生好感（见图 3-1），用户才会继续关注，从而参与到活动中来。那么，用户在看到活动第一眼后，为什么会被活动吸引呢？

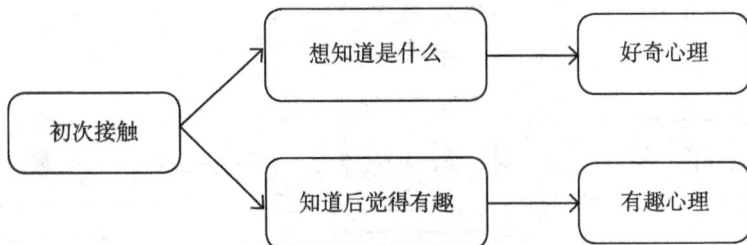

图 3-1 初次接触心理图示

（1）好奇心理

用户之所以会被活动吸引，很大程度上是出于好奇心理。假如活动在文案、创意、流程和现场等方面制造出一定的神秘感，那么就能放大用户的好奇心理，吸引更多的用户关注。例如，用户刷知乎并不是为了寻找具体的答案，而是想看看这个问题究竟有哪些回答，有什么典故，这本身就是一种好奇心在驱使。

（2）有趣心理

用户已经了解的东西显然无法引发好奇心，这时候就需要激发用户的趣味心理，让用户觉得活动看起来有趣。

脸萌为什么一下子就火了起来？一个关键的原因是它为用户提供了很多小插件，让用户根据自己的喜好做出自己想要的头像，拍出自己想要的照片。这样就抓住了用户的兴趣点，吸引了更多的人参与进来，并且积极地分享出去。

3.1.2 周围人参与

用户通过初次接触对活动产生好感之后，就会产生要参与活动的想法。但这种想法还不是太强烈，因为人们都有畏惧风险的心理，不愿意做出改变。此时，很多人会选择观望，先看看别人是如何选择的，然后决定自己是不是要参与。那么，用户在观望时会产生哪些心理呢（见图3-2）？

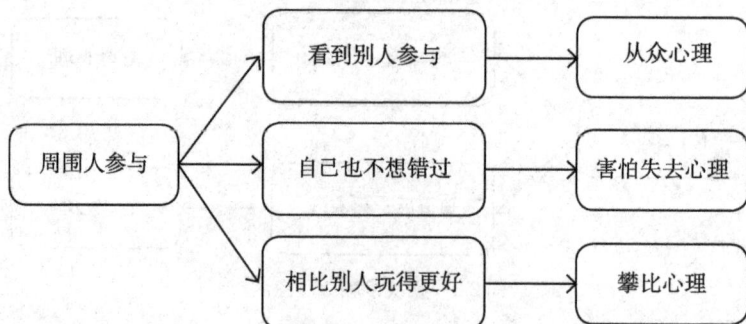

图3-2 周围人参与阶段心理图示

（1）从众心理

假如活动主办方能够让用户觉得很多人已经参与活动，那么用户做出参与决定的概率就会增大。因为很多人在潜意识中会倾向于跟随人数最多的群体，而不希望自己成为另类。

海底捞服务好，很多人都去消费，就引发了更多人的从众心理，也想去尝试一下。当身边的亲朋好友都在谈论海底捞的服务有多好时，假如你一次都没有去过就会显得很另类，甚至有种落伍的感觉。这时你也会产生一种强烈的从众心理，希望能够去吃一次，内心的那种被孤立感才会消失。

（2）害怕失去心理

要想尽可能地吸引用户，最有效的一种办法就是让用户感受到参与的机会难得。活动主办方可以设置有一定难度的准入门槛，还可以适当地增加一些紧迫性，营造紧张的氛围，让用户觉得如果不立即参加活动，则到手的机会就可能错过，从而产生害怕失去的心理，以便使其快速地参与到活动中来。

小米手机最初的系列营销活动之所以每次都那么火爆，一个最主要的原因就在于带有"饥渴"性质。用户总觉得小米手机的数量是有限的，有钱也不一定能够买到。在这种情况下，用户就会产生害怕失去的心理，继而加入到抢购小米手机的活动中。

（3）攀比心理

攀比心理人人有之，小时候比书包和衣服，长大之后比房子、比车子、比事业。支付宝账单和微信红包正是抓住了人们的攀比心理，每年春节时推出各种促销活动，在取得成功的同时也获得了长久的生命力。

3.1.3　想要参与

了解了别人参与活动的情况，知道了活动的具体流程和口碑之后，用户在周围人的影响下就会产生也想参与活动的强烈意愿。在这个阶段，活

动主办方需要利用哪些心理来刺激用户，使其更快、更坚定地参与活动呢
（见图3-3）？

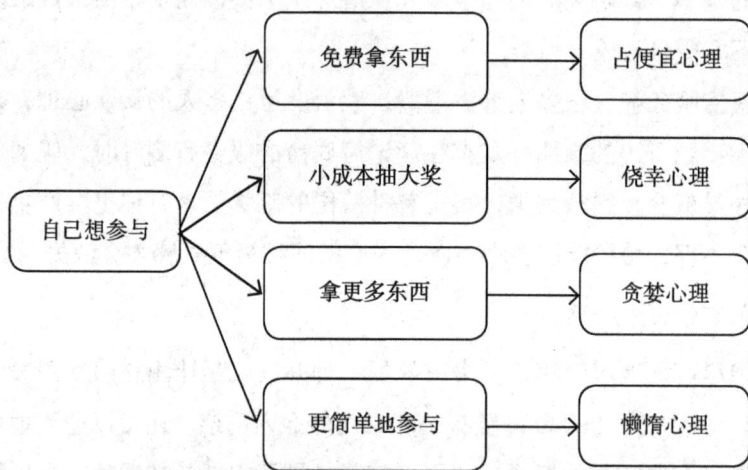

图3-3　自己想参与心理阶段图示

（1）占便宜心理

要想让用户快速且坚定地参与活动，给予利益永远是最有效的方法。因
此，活动主办方可以采用直接免费赠送、买了就送或购买之后加钱赠送的形
式让利给用户，加速其参与活动的进程。

滴滴打车在初创时期会不断地向用户赠送免费打车券；支付宝在布局线
下支付时会不断地向用户发放补贴，让用户基本不用花钱就能解决每天两顿
饭；饿了么在刚启动时也不断地向用户赠送红包抵用券，新用户第一单基本
都能免费……这些活动都人气爆棚，达到了预期的效果。

（2）侥幸心理

人们普遍具有侥幸心理，都会认为自己是天底下最幸运的人。所以，在
一些带有运气性的活动中，人们参与的积极性通常会更高。假如活动主办方
能够巧妙利用侥幸心理，就可以通过较小的投入取得较大的关注，吸引用户

积极参与活动。

小米手机的转发送手机活动之所以通常会带来几十万甚至上百万次的转发量，最主要的一个原因就是人们都认为自己会被抽中，成为幸运儿。小米手机利用这种侥幸心理给用户设置了一个大奖，而且用户所付出的转发行为成本为零。这样就使数以万计的人参与到活动中来，形成了裂变式传播。

（3）贪婪心理

当一个人能够轻易获得某种物质奖励或某种地位象征的标准时，他通常不会满足于此，而会希望获得更多的利益。在活动运营过程中，活动主办方通过给予用户一定的奖励会在很大程度上提升用户对活动的黏性，让用户更乐于参与活动，分享活动信息。当这种黏性产生之后，活动主办方可以从物质和心理上持续地满足用户的贪婪心理，增加活动的吸引力。

（4）懒惰心理

人们或多或少地具有懒惰心理，希望不付出或用最少的付出就能换得最大的回报。因此，活动主办方在设计活动规则时要尽可能地让活动简单化，使其易理解、易参与。

3.1.4 参与后愿意分享

很多人都喜欢将自己在活动中的所见所感分享到朋友圈中，如看到了什么人、做了哪些互动、具体有什么感觉等，通过这样的分享来展示自己的生活状态。分享是用户在社交媒体上的一种重要表现，除了有记录的作用之外，还会向周围的人传递这样一个信息：我是什么样的人，我此时的心情是什么样的。通过分享，用户可以将自己希望在朋友心中营造的形象充分地塑造出来（见图 3-4）。

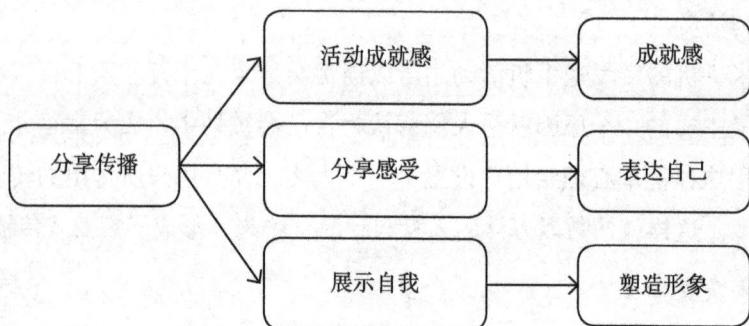

图 3-4　分享传播阶段心理图示

（1）成就感

假如用户在活动中取得了比较好的成绩，或有比较完美的体验，就会产生成就感，觉得自己比同期参加活动的其他人更优秀。在这种情况下，用户就更愿意将活动的相关信息分享给亲朋好友，"炫耀"物质上的收获以及精神上的荣誉。

（2）表达自己

一个人在表达自己时通常会包含很多情绪，正面的情绪如开心、感恩、正义、同情、博爱等，负面的情绪如吐槽、愤怒、颓废、嘲讽等。假如活动能够抓住用户正反两方面的表达需求，让用户主动、顺利地表达自己的情绪，并且给予适当的回应，那么用户就很容易获得沉浸感，从而更深入地参与到活动中去。

（3）塑造形象

用户之所以想表达自己的看法，分享自己的体验，是希望向周围的人证明自己是一个具备某种形象的人。当活动能够满足用户展示希望的形象或塑造某种地位时，用户就会更加积极地在社交平台上分享活动的相关信息，从而推动活动的裂变式传播。从这个意义上说，活动可以从社会地位、经济地位、思想光芒、生活情趣等方面来帮助用户塑造形象。

3.2 让用户驱动用户

很多企业做活动，总想着依靠自身的努力引爆活动人气，推动活动裂变式传播，最大限度地增加活动收益。因此，它们绞尽脑汁拼创意、拼形式、拼补贴，希望将用户的注意力牢牢地吸引到活动中。其实，这些企业在运营活动时还是习惯从自身的立场出发思考，其运营思维还是定格在活动主办方的行动上，并没有意识到用户才是推动活动传播的最大动力源。而有经验的企业在运营活动时除了做好活动准备工作之外，还非常善于向用户借力，引导用户驱动用户。所谓用户驱动用户，就是活动主办方给予用户主人翁意识，引导用户积极主动地传播活动信息，分享活动体验，推动用户影响自己关系网络中的更多人。

3.2.1 250 定律

美国著名推销员乔·吉拉德在总结自己的推销经验时提出了著名的"250 定律"，即每一位顾客身后大约都存在着 250 位亲朋好友。换言之，活动赢得了一位顾客的好感，也就意味着赢得了 250 个人的好感；反之，活动得罪了一位顾客，也就意味着得罪了他身后的 250 位潜在顾客。

"250 定律"要求活动主办方在活动运营时秉持"用户就是上帝"的理念，认真对待每一位用户。因为每一位用户身后都会存在一个相对稳定的人际关系网络，联系着大量的潜在用户群体。当活动主办方能够善待每一位用户时，借助用户的推荐和分享就能快速地将活动信息传播出去，营造一种轰动效应。

3.2.2 抓住目标用户的心理需求

要想让用户推动用户，对于活动主办方而言，一个最重要的前提就是抓住目标用户的心理需求，有的放矢地做活动。根据马斯洛需求理论，人类的需求从低到高按层次分为：生理需求、安全需求、社交需求、尊重需求和自我实现需求（见图 3-5）。通俗地讲，假如一个人在社会上处于底层位置，那么他通常对食物的需求是最强烈的，这也正是为什么美食总能成为热门话题的原因所在。当人们获得生理需求的满足之后，才会有更高层级的其他需求，如安全感和社会地位的认可。当然，这并不意味着拥有最高层级需求的人在关注高阶需求时就失去了基层的生理需求。

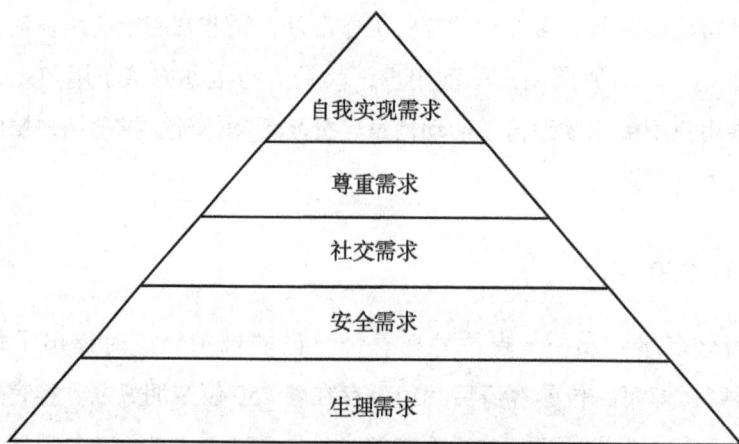

图 3-5　马斯洛需求金字塔

对于活动主办方而言，挖掘目标用户的需求，尽可能满足用户需求，不仅能够大幅度地提升订单转化率，还可以引发大众传播，让用户积极主动地口口相传，或通过自媒体平台分享活动信息。所以，活动主办方要想让用户驱动用户，就必须抓住用户的原始需求。所谓原始需求就是生理上的需求、安全上的需求、社交上的需求、尊重上的需求以及自我实现需求。

可口可乐在活动运营中就很善于利用用户的原始需求来激发用户的参与热情，鼓励每一位用户进行分享，最终驱动更多用户。例如，其针对用户的自我实现需求所推出的歌词瓶就引发了用户的疯狂传播（见图 3-6）。用户在买到歌词瓶可口可乐之后通常做的第一件事并不是品尝，而是吟诵上面的歌词，梦想未来。可口可乐就是这样立足于用户的原始需求，巧妙地引导用户驱动用户，在提升自身品牌知名度的同时获得了巨大的经济效益。据统计，仅此活动就让整个可口可乐汽水饮料销售增长了 10%。

图 3-6 可口可乐歌词瓶

3.2.3 推动用户进行信任背书

既然每一位用户身后都存在 250 位潜在用户，那么活动主办方在活动运营过程中就需要和用户进行互动，尽快走进用户的内心，赢得用户的好感和信任，促使其更加积极主动地宣传和分享活动。

那么，活动主办方如何推动用户进行信任背书呢（见图 3-7）？

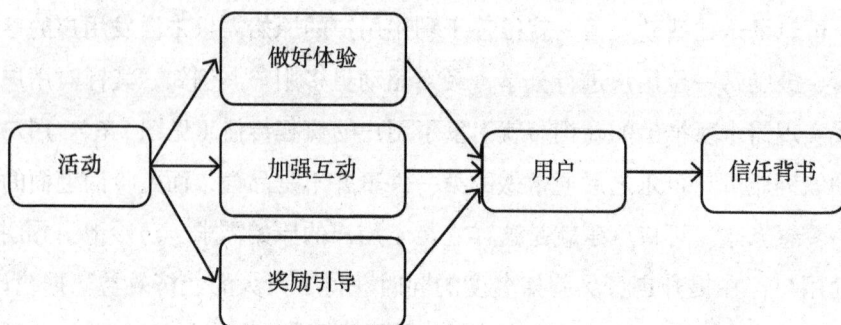

图 3-7　活动促使用户信任背书

（1）做好活动体验，以愉悦、畅快、优质的活动感官体验在用户心中留下良好的印象

正如产品要想获得用户的信任就需要做好产品质量、提升产品体验一样，活动要想获得用户的好感和信任，也需要在活动创意、形式上进行创新，确保用户在情感上获得愉悦的体验。

（2）加强互动

从心理学上看，互动是强化人们信任的重要途径和方法。人和人之间只有不断地进行互动，才能了解彼此，产生情感，最终互相信任。因此，在活动运营的过程中，活动主办方要引入互动环节，邀请用户参与，如做一些小游戏、进行面对面沟通等。在这个过程中，活动主办方表现出来的诚意和情感会很自然地影响用户对活动的看法，促使用户对活动更有好感，更加信任。

（3）以物质或精神奖励引导用户背书

做好了体验，强化了互动，活动还需要为用户带来某种利益，如小奖品、"冠军"或"挑战勇士"的称号。这种物质或精神上的收获会让用户产生成就感和满足感，继而发自内心地信任和喜欢活动。

洛洛在淘宝上开了一家网店，主要销售各种品牌手表，但是开业之后生意惨淡，半年才成交了两单，这让洛洛有些心灰意冷。后来，一位创业有成的前辈提醒她："你在这个行业要想做起来，最主要的就是信任，大家都见不着面，人家凭啥相信你的表是真的？"一句话点醒了洛洛。她是钟表行业的专家，也是资深的珠宝玩家，于是利用自己的专业知识在微博上开展了一个"漫画名表"的活动，通过卡通漫画的形式向大家普及钟表的品牌知识，分享新款资讯，解答大家关于钟表的各种疑问。因为活动形式比较新颖，互动性比较强，整个活动非常自然、真诚，最终带动了人气，吸引了越来越多的人关注和参与。

"漫画名表"活动开展一段时间后，洛洛突然发现自己网店的销量增加了，仅春节后的一个半月内就有 25 位用户请她帮助采购浪琴手表，8 位用户采购了欧米茄手表，至于普通手表的销量就更多了。

洛洛的成功在于利用自己的专业知识耐心地服务用户，解答各种问题，赢得了更多潜在用户的信任。尽管洛洛没有刻意做广告，但用户依然选择在她的网店购买。

3.3　针对人性营造期待感

很多活动运营人员虽然都或多或少地了解用户思维，但是在活动运营时习惯性地将重点锁定在活动流程和环境方面，却忽视了对人性的剖析。而从本质上看，人性和环境是活动成功与否的两个关键因素，缺一不可。活动运营人员在重视环境的同时，也需要重视人性需求，营造期待感。否则，活动的传播范围就会被固化，难以达到预期的效果。

那么，如何把握人性为活动营造期待感呢？

3.3.1 人人都喜欢"新"和"奇"

在人性中，对"新"和"奇"的探索似乎永无止境，人人都喜欢尝试新事物、探究未知领域。基于这一点，活动主办方需要为活动贴上"新"和"奇"的标签，在活动类型和主题上进行创新。

很多企业在做活动时喜欢模仿。例如，新世相的"4 小时逃离北上广"火了，大家就模仿做"×小时逃离北上广"；"丢书大作战"火了，大家就模仿做"丢明信片""丢包"之类的活动。久而久之，新鲜感全无，倒了用户的胃口，还丢了市场。

丧茶其实和喜茶没有什么区别，甚至比喜茶还难喝，但为什么就火了呢？很多人都知道，这是因为丧茶传递了当下年轻人都追捧的一种丧文化，迎合了年轻人对"新""奇"的追求。当前年轻人普遍崇尚本真——我就是我，我是一个完整、独立且敢于为自己发声的个体，他们敢于接受自己的不完美和缺点，与自己和解，为自己而活。而丧茶的出现正是迎合了年轻人的这种需求，为其宣泄情绪创造了一个窗口。此外，丧茶之名标新立异，抓住了部分年轻人对未来的迷茫情绪、对新奇的强烈探索，以及他们钟情的二次元潮流，其活动运营自然也就大获成功（见图 3-8）。

图 3-8　丧茶套装

3.3.2　利用人性的虚荣营造期待感

几乎人人都有虚荣心理。假如活动主办方能够针对这个特点设置活动，和用户进行互动，必然能够营造出满满的期待感。

每逢假期，人们都会结伴出游，这时很多人习惯上传照片到自己的 QQ 空间相册。于是，QQ 空间相册结合用户爱秀、爱比拼的心理策划了"疯神榜"活动，根据上传照片的数量、去过的城市等数据计算出一系列的用户称呼，如"留守君""暴走司令"等。这种名誉头衔的设置极大地满足了用户的虚荣心理和竞争意识，在很大程度上刺激了用户上传照片的欲望。

3.3.3　窥探中有商机

"窥探"这个词听起来比较学术化，说白了就是对周围未知的人和事的好奇心。想知道别人的隐私，同时又不希望暴露自己的隐私，这就是窥探。在互联网日益发达的今天，隐私对我们越来越重要，同时也越来越难以保护。我们经常会接到各种莫名其妙的电话，在网络的背后、屏幕的另一面，很多人都怀揣着一颗窥探隐私的好奇心。利用人们的这种心理，将其融入活动创意中，就能吸引更多的人参与。

3.4　利益介入引导用户选择

从用户的角度看活动，他们关注与否、参不参加，一个最主要的影响因素就是利益。对于用户而言，假如活动能够为自己带来某种利益，不管是物质上的还是精神上的，直观的还是隐形的，都会吸引他们的关注。因此，活动主办方可以利用用户对利益的这种期盼心理来引导其做出相应的选择。

3.4.1 将用户所能获得的回报摆在首位

利益介入能够引导用户做出选择。那么对于活动主办方而言，一个最简单、最有效的方法就是直接亮出用户参与后可能获得的利益。当活动主办方将用户有可能获得的回报鲜明、直观地摆放在用户面前时，用户往往会做出参与活动的决定，而且参与的积极性还会高涨，分享活动信息的力度也会更大。

营销专业毕业的王乐应聘到一家女性内衣公司工作。或许受到了网络上流传的"可以把梳子卖给和尚吗"这个创意的启发，该公司对上岗前的业务员有一项测试：把公司的某品牌胸罩推销给在校的男生，并在规定的时间内完成一定的销售任务。

经过详细的分析之后，王乐觉得这项活动要想取得预期效果，就必须让参与各方都能获得一定的利益。有了利益，学校才会同意并给予相应的协助，学生也才会踊跃购买产品。于是，王乐以给在校生增加工作实践为名，说服学院主任在学院发起了一项名为"将胸罩卖给男生——暨面对就业形势，某国际品牌营销专家实战训练专题讲座"的活动。活动内容是聘请某国际品牌营销总经理来学校举行营销实战专题讲座，每位在校生都可以自愿参加。由于场地限制，每位参加者需支付60元的活动组织费用。同时，作为培训讲座的最后一个环节，也是一项非常有挑战性的实战演练：每位参加者负责在一个星期之内向男生推销2个胸罩（不再收费），推销收入作为购买入场券的补偿。活动之后还将在本院举行总结交流活动，交换实践心得。

这样一个集理论、技能及社会实践于一体的富有创意的活动，在学院主任的大力支持下引起了强烈反响。事后统计该活动共有600人参加，一共卖出了1000多个胸罩。公司营销总经理也很重视这次树立公司形象的公关活动，亲自到场做了精彩演讲，参加的学生对本次活动都感到非常满意。

3.4.2 把握用户的时间需求

时间对于用户而言是稀缺资源，是用户日常生活中最看重的几种利益之一。从时间需求角度可以将活动简单地分为两类：一种是省时间的活动；另一种则是"杀"时间的活动。

所谓省时间，是指用户希望活动能起到信息筛选的作用，从而帮助自己更快捷地获取关键信息。假如活动能够满足用户的这种需求，为用户带来更大的时间利益，那么自然也就更能吸引用户关注和参与。

图 3-9 逻辑思维的"罗胖 60 秒"

罗振宇认为，用户的时间是有限的，每个人的一天都是 24 小时，因此，用户在参与活动时希望能够节省时间，更快速地获得有用的信息。正是基于这样的认知，罗辑思维的各种活动都在努力为用户省时间，如为用户读书、做用户生活的"仆人"等。其中一项最主要的活动就是罗振宇每天花费60秒为用户说一段话，推荐一本书，帮助用户省去了选书的时间（见图3-9）。这类活动的人气往往都很高，为罗辑思维的微信公众号赢得了大量的粉丝。

所谓"杀"时间，就是帮助用户将闲暇无聊的时间"杀掉"，使原本无聊的时间变得愉悦、精彩起来。这类活动往往和用户的精神利益息息相关，旨在通过为用户解闷、表演等来愉悦用户的内心。

"关爱八卦成长协会"的很多活动虽然没有明星代言和推广宣传，就是简单地聊一些八卦新闻，说一说闲话趣闻，但是满足了一群关心娱乐、通过八卦来消磨空闲时间的年轻用户的需求。因此，其开发的很多活动都人气爆棚，能够吸引用户积极参与和互动。

3.5 抓住意见领袖以扩大活动影响力

什么因素在推动用户参与活动、分享活动呢？除了用户自身的实际体验之外，无疑是活动的口碑，再就是其他用户对活动的观感。其中，意见领袖由于影响力比较大，粉丝比较多，能够在很大程度上影响用户群体对活动的看法。所以，活动要想抓住用户，就必须借助意见领袖以扩大影响力。

现阶段，用户已经被标签化、圈层化，沉淀在一个有归属感的圈子里。而用户思维的最高法则是进入用户的生活中，成为用户的一种生活方式。在这种背景下，人物IP成了活动运营的新风口。

3.5.1 引导用户中的意见领袖为活动代言

参与活动的用户由于在知识层次、技能技巧及社会经历上存在差别，会很自然地出现分层现象。一些比较活跃、见解独特或身份特殊的用户会因为大家的认可和推崇而成为用户群体中的意见领袖，他们所说的话或发起的话题往往被其他用户重视和信任。换言之，意见领袖能够在很大程度对活动口碑产生影响。

因此，活动主办方在活动运营期间应将互动重点锁定在用户群体中的意见领袖上，与其进行全方位的互动，力求给予他们一个良好、愉悦、舒适的体验。活动主办方不可放过任何一个细节，在用户意见领袖面前充分地展示出活动的特色，引导意见领袖分享活动体验，推出相关话题。

3.5.2 利用自媒体意见领袖放大活动影响力

现阶段，大号自媒体可以称为意见领袖，它们在用户心目中已经被人格化，成为用户接受信息和做出选择时的首要参考对象。当意见领袖参与到活动中时，活动主办方就可以利用其自带的巨大流量和人气，更加迅速地走进用户视野，占领用户的心。

新榜优选在情人节时与两个自媒体意见领袖做了一档情人节专属美妆活动，以"暧昧、表白、在一起"三个恋爱阶段为创意基础，打造了 7 组品牌。除了视频和图文之外，活动还有微博上的推送、话题、植入品牌表情包等环节。因为两个意见领袖的粉丝众多，自带大批流量，新榜优选借助它们的影响力成功地对流量进行了整合，活动持续 10 个小时稳居美妆榜前 20 名，实现了既定目标（见图 3-10）。

图 3-10 新榜优选联合自媒体意见领袖做活动

3.5.3 邀请名人代言

各行各业的名人粉丝众多、影响力巨大，天然就有着意见领袖的身份。活动主办方可以邀请和自身活动精神、氛围相契合的意见领袖参加活动，或请他们为活动代言背书，这样就可以借助他们的社会影响力快速提升活动的影响力。

第 4 章

活动产品化，产品活动化

　　活动要想真正走进用户内心，获得用户的信任，就必须如同产品一样进行设计开发和包装推广。此外，活动的根本目的是最大限度地向用户推广产品，推动产品信息裂变式传播。因此，企业的活动必须围绕产品开展，不能片面地为了活动而活动。要知道，不能最大限度传播产品的活动是没有意义的。而产品同样需要活动化，将活动和产品水乳交融，企业才会真正抓住用户的需求。

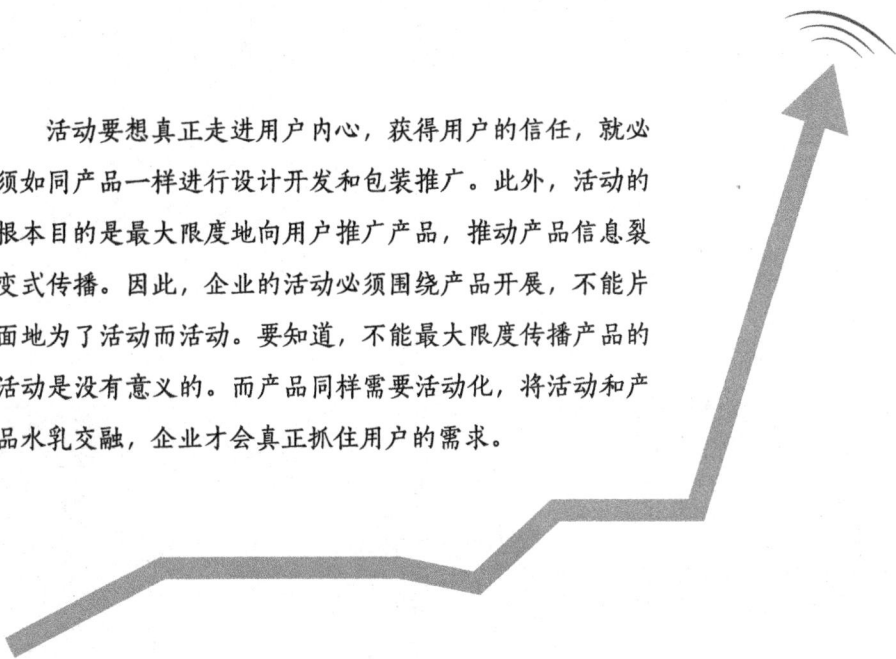

4.1 不能最大化传播产品的活动就是 "烧钱"

活动运营最重要的目的就是为产品造势，助推产品提升人气，使产品最终成为爆品，从而为活动主办方带来最大的经济回报。从这个角度来看，成功、高效的活动必然要最大限度地将产品 "炒" 起来，进而助力产品 "飞" 起来。

4.1.1 将产品变为活动策源地

要想最大程度地宣传产品，除了需要围绕产品策划活动之外，另一个有效的方法就是将产品打造成一个活动的策源地。这样一来，产品本身就成为一个流量黑洞，自然会最大限度地推动用户传播话题，为产品带来更高的人气。

小米路由器在设计之初就将自身定义为发烧友的新玩具。为了将公测版的样机送到真正的发烧友手中，小米选择了让用户自己动手组装路由器。这种产品策略符合小米公测招募的极客用户群的精神属性，也是让用户感知产品品质最直接的方式。用户拿到产品之后，就像组装家具一样，自己组装好路由器。当用户第一次亲手用螺丝将风扇固定在主板上，把主板放入外壳，把硬盘插入卡槽后，必定会对产品品质形成更深刻的认知，获得真切的参与感。

为了增加产品的话题性，带给用户高品质的体验，小米还专门做了一个木箱，从外表到内饰再到说明书以及螺丝刀都用了最好的材料。仅仅是木箱本身的成本就超过了 200 元，整个公测版路由器的包装成本则更是超过了 1000 元，而小米仅向用户象征性地收取了 1 元。这种活动的玩法前所未有，令发烧友瞠目结舌。他们惊叹于小米创意的同时，也迅速将这些公测版产品上传到自媒体平台，使其成了移动互联网"网红"。

4.1.2 推动用户分享

活动要想实现传播的最大化，除了活动主办方自身投入资源进行宣传之外，还需要推动用户口口相传或通过自媒体平台进行分享。任何用户背后都存在一张人际关系网，推动用户在自己的人际关系网中分享活动信息，通过一传十、十传百，产品信息就会呈现出裂变式传播的效果，从而最大范围地在用户群体中扩散开。

那么，如何推动用户分享产品信息呢？

（1）以产品作为活动奖品

推动用户分享产品信息的一个最好方法就是让用户获得试用产品的机会，让用户在使用过程中对产品形成更加深刻的认知。基于此，活动主办方可以将产品作为奖品提供给用户使用，或者和其他活动方合作，以自身产品作为奖品，引导更多用户使用和分享。

（2）设置精神奖励

除了进行物质奖励之外，活动主办方还可以设置一些荣誉称号，如"冠军""达人"之类，在精神上给予用户荣誉感和成就感，提高用户的分享热情。

4.2 用户参与活动设计不能只是走过场

要想提升用户对产品的满意度，最好且最有效的办法就是将用户吸收到产品的设计流程中，让用户自己设计产品。同样的道理，要想最大限度地提升用户对活动的体验满意度，提升人气，就必须将用户吸收到活动的设计中来，让用户自己设计活动。很多活动主办方在设计活动时虽然也意识到了这一点，但是仅限于做表面文章，本质上还是自己设计，这样的活动不能火爆也就不难理解了。

4.2.1 在活动创意上吸收用户的想法

活动运营能否成功，创意在很大程度上起着决定性的作用。如果创意新奇，能抓住用户的需求，就能够牢牢地吸引用户关注，激发用户的参与感；反之，如果创意平淡无奇，自然也就缺乏对用户的吸引力，很难激发用户的参与热情。因此，在设计活动的过程中，活动主办方需要在创意上做出特色与个性，最简单有效的办法就是从用户中征集创意，集思广益，让活动创意根植于用户群体。

王梅梅从事业单位辞职后开了一家甜品店。虽然选址在市中心，但是开业后的生意却一直不温不火，王梅梅为此非常着急。通过详细的市场调研，王梅梅终于找到了问题的原因：市场份额有限，而周边的甜品店越来越多，竞争越来越激烈。了解到这一点之后，王梅梅觉得只是做好食材与口感还不够，要想在激烈的竞争中生存下来并发展壮大，就需要在活动创意上下功夫，而创意必须要抓住用户的需求，符合用户的预期。于是，王梅梅在自己的用户群里推出了一个"活动创意海选"活动，被选中者会得到一个免费定制的生日蛋糕。活动开始后，大家参与的积极性比较高。其中一位用户还建议王梅梅将活动的目标群体锁定为年轻人，搞一个"Blind date with bread"活动，就是将六种面包对应六种不同类型的男人，礼盒里放着他们独特的情话。王梅梅觉得这个创意非常好。首先，年轻人是甜品的主要消费群体，将甜品与爱情捆绑在一起必定能够吸引年轻人的关注；其次，通过这种方式，用户还能体验一次和未知面包约会的惊喜，营造一种期待感。

结果，推出活动后，很多年轻情侣都参与其中，并且将活动片段分享到朋友圈。一时间，王梅梅的甜品店知名度大增，销售额也成倍增加。

4.2.2 活动主题由用户定

很多企业在设计活动时习惯性地从自身角度来设定活动主题。其实从本质上看，虽然企业是活动的策划者，但是在主题设置上应该尽可能地吸收用户的看法，让用户参与活动主题的设计，办一场真正属于用户的活动。

从 2011 年开始，"米粉"不再是娱乐圈中共同喜欢张靓颖和李宇春的粉丝的蜜称，也指异军突起的小米公司产品的狂热爱好者。小米正式对外公布了邀请函，于 2013 年 4 月 9 日在国家会议中心举办"米粉节"，主题完全是由用户自己确定的。用户最想要的是什么？除了狂欢之外，最主要的就是用更加优惠的价格买到自己心仪的产品。所以每年的"米粉节"，小米都打出"回馈粉丝"的主题，用最大幅度的让利来回馈粉丝的支持。正是这个脱胎于用户的主题才使"米粉节"火爆至今，成为小米活动运营的经典之作（见图 4-1）。

图4-1 "米粉节"宣传海报

4.2.3 活动奖品由用户选

有活动自然就离不开奖品。很多时候，奖品对活动起着定海神针的作用。奖品的设置是否符合用户的期待，在很大程度上决定了用户参与活动的积极性。因此，活动主办方在吸收用户参与活动设计的过程中，应该广泛征求用户对奖品设置的意见，了解用户最希望的奖品种类、功能等。

4.3 直播与现场感

2017 年最令人瞩目的现象就是大众文化中对现场感的追求。不管是"60 后""70 后""80 后",还是"90 后""00 后",似乎都在追求一种以即时的、当下的感觉为中心的现场感。从电视综艺节目真人秀化到电视剧《欢乐颂 2》《小别离》等,都是对当下日常生活的直接展示。可见,现场感是当前社会文化中的一种现象级潮流。因此,活动产品化要抓住这种潮流,用逼真的现场感来吸引用户,提升活动的时代性。

4.3.1 直播为活动带来现场感

直播是最能表现现场感的一种形式,通过移动端直播活动能和用户进行"面对面"的互动。另外,借助弹幕还能让用户拥有更加自由的发言权,随心所欲地评论活动细节。因此,直播形式的活动往往更能吸引年轻人的关注,成为他们喜爱和希望参与的娱乐方式。

活动直播能够营造一种产品流程化的现场感,再加上直接的互动,能够营造出极强的参与感。年轻用户对直播活动有着强烈的兴趣,这种兴趣来自于对真实的极度渴望。虽然没有什么大故事、大内容,但是直播所营造的现场感让人更加直观地感受到了活动的细节。而直播所带来的实时互动,则从本质上重新界定了自我和他人之间的关系。

为了增加现场感,最大限度地吸引年轻用户的关注,小米 6 新品发布会联手爱奇艺在移动端全程直播。借助直播形式,全国乃至全球的"米粉"可以实时观看小米 6 新品发布会并表达自己对小米 6 手机的看法以及对发布会的观看感受。这种直播形式在很大程度上消除了时间和空间的限制，使不同城市的"米粉"都能够身临其境，实时互动。新品发布会网络直播给予了"米粉"强烈的现场感，极大地提高了小米 6 的人气（见图 4-2）。

图 4-2　爱奇艺直播小米 6 新品发布会

4.3.2　"90 后"更看重现场感

随着"60 后""70 后"甚至"80 后"渐渐老去，"90 后"开始崛起。从游泳运动员傅园慧的"洪荒之力"引发的互联网传播热潮和众多"小鲜肉"的持续走红，都是"90 后"走上社会舞台、发挥巨大影响力的表现。

"90 后"普遍具有较高学历，视野更加开阔，生活水平比过去几代人更高，其对现场感也更加期待和痴迷。基于此，活动主办方要想抓住"90 后"年轻人的心，就必须为活动营造更加真实的现场感，让他们身临其境，乐在其中。

4.4 寻找活动的产品周边增值点

活动产品化除了需要着眼活动本身之外，还需要以活动为基础，开发相关的衍生产品，形成活动子体系。正如小米在手机之外还开发了手环、路由器、充电宝等周边产品，形成了一个完善的产品生态体系。同样的道理，要想把活动运营得好，活动主办方在做好活动本身之外，也需要开发与活动相关的子活动和产品。这样在众多产品周边增值点的衬托下，整个活动才会环环相扣，更有人气和影响力。

4.4.1 产品活动期间让利

活动的最终目的是提升产品的知名度，帮助企业卖出更多的产品。因此，活动主办方在设计活动的产品周边增值点时，首先要考虑将活动和产品有机融合在一起。为了实现这个目标，最简单有效的办法就是在活动期间进行产品让利，以活动带动产品人气，以产品让利提升活动声势。只要企业掌握好让利的节奏，产品符合用户的需求，就可以助推活动走向高潮。

产品活动期间让利，这种挖掘活动增值点的方法比较常见。例如，天猫"双 11"、京东"618"、小米"米粉节"、华为"花粉节"等都是主打让利的。用户只要参与进去，就可以享受平时享受不到的折扣。所以，这些活动的人气都很高，被分享的次数非常多，范围也非常广，已经发展为年度消费盛典。

4.4.2 活动吉祥物

就像一种产品需要一个品牌才能让用户记住一样，一项活动要想真正走进用户内心，给用户留下深刻的印象，就需要有自己的品牌标志——吉祥物。世界上影响巨大的活动都有自己的吉祥物，如北京奥运会的"福娃"、巴西足球世界杯的"福来哥"等，都在全世界人民心中留下了深刻的印象。

开发活动的产品周边增值点，吉祥物是不可或缺的。活动主办方可以根据自身活动的类型、目的以及目标群体的喜好来设计吉祥物，并将其拟人化，在作为活动 LOGO 的同时还可以制作成产品，在活动期间发放给用户。吉祥物一方面能够让活动标签化、名片化，能够让用户在看到吉祥物的第一时间就想到活动的相关片段，可以在之后的时间里大大延续活动的生命力；另一方面也可以在物质上给予用户相应的奖励，因为吉祥物产品本身就是一种物质收获，符合用户参与活动获得物质回报的期望。

为了最大限度地凝聚"花粉"，华为就在"花粉节"的基础上举办了花粉吉祥物设计大赛，在"花粉"中引发了轰动效应（见图 4-3）。一方面是因为活动奖金丰厚，另一方面华为能够为自己喜爱的活动设计一款吉祥物是每位"花粉"心中的梦想。吉祥物设计大赛的举办为华为"花粉节"打造了一个吉祥物增值点，大大提升了华为"花粉节"的知名度和影响力。

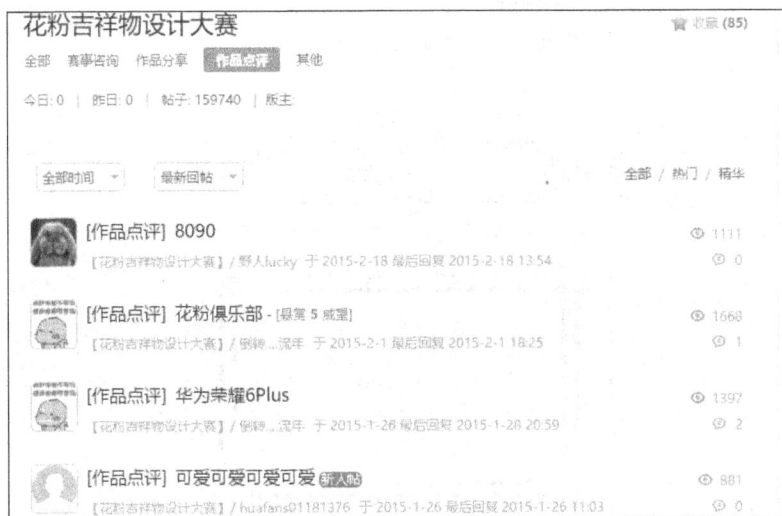

图 4-3　花粉吉祥物设计大赛点评

4.4.3 活动家庭化、亲子化

活动的另一个产品周边增值点是家庭化、亲子化。一个家庭往往包含儿童、少年、青年、中年和老年等所有年龄段的成员。而且，当活动抓住了儿童用户时，往往就能吸附住一个家庭，获得全年龄段用户的关注。从这个意义上说，针对儿童的亲子类活动产品的开发是活动的一个很有力的增值点。

北京华联银川金凤购物中心特别注重开发儿童系列活动。例如，其主办的贺兰山少儿艺术节（见图4-4），通过儿童才艺海选吸引了很多家庭的关注和参与。通过初赛、复赛和决赛，北京华联银川金凤购物中心以儿童才艺互动为增值点，吸引了银川众多家庭组团到场助威，瞬间人气爆棚，成为朋友圈里的"网红"。

图 4-4　北京华联银川金凤店少儿艺术节

4.4.4 引入社会公益

社会的发展让人们越来越重视公益活动。开发活动的产品周边增值点，选择公益是一个不错的方向。活动在运营过程中可以适当地添加一些公益环节，引导用户做公益，帮助弱势群体。这样企业在用户心目中的形象会变得更加高大，用户在情感上也会更加亲近企业。

高盛、耐克和英特尔等企业每年都会举办各种各样的公益活动，它们有的坚持战略性聚焦，有的采用规模化投资，在履行自身社会责任的同时，也在用户心中树立了博爱、负责的形象。

4.5 将活动的某个环节设计成产品的某个功能

产品活动化，简单地说就是运用运营思维做产品，将一些活动的环节植入设计成为产品的功能。这样产品本身就有了活动的属性，用户在使用产品的同时就等于参与到活动中，从而真正实现了产品和活动的同步。

4.5.1 将用户最迫切的需求设计成产品功能

将活动的某个环节设计成产品功能，并不意味着所有的活动环节都可以融入产品中。对于用户而言，能够吸引他们的活动环节必然是他们所急需的或体验最好的。这样的活动环节一旦被移植到产品上，成为产品的功能之后，就会引发用户强烈的关注，聚集人气，从而提升用户的体验满意度。然而，如果不分轻重缓急，随意地将一些用户需求不大、体验不好的活动环节移植到产品上，反而会让产品在功能上显得臃肿。

微信的不断发展和完善就是一个需求功能化的过程。它通过总结用户在各种活动中所流露出来的需求，分析这些需求对于用户的重要性和迫切性，有针对性地将一些用户最迫切的需求或喜爱的活动环节设计成了自身功能的一部分。例如，用户在参与活动时出于对活动主办方所提供内容和服务质量的赞赏，在满意体验的基础上通常会有打赏的需求。这种需求与人们在消费时给服务人员小费类似。针对用户在活动中表现出来的这种迫切的打赏需求，微信开发了赞赏功能，只要用户觉得好就可以点击"赞赏"按钮，给予产品一定数额的金钱打赏。这种功能本质上是将活动中的消费打赏环节移植到产品上，在很大程度上满足了用户的需求。这项功能推出后便立即在用户群体中引发了关注，成为热点话题（见图 4-5）。

图 4-5　微信的赞赏功能

4.5.2 将活动环节设置为产品的模块

除了直接将用户需求最急迫、体验最佳的环节设置为产品的功能之外，活动本身还可以间接地变为产品的一个模块，或者将某个活动环节视为产品的一个模块。活动主办方可以在活动中设定一个体验产品的环节，将活动作为产品的一个模块巧妙地嵌入产品中。这样活动和产品就自然地融为一体，活动中的最佳体验环节也就成了产品的一种功能外放。

例如，百度知道"天天爱答题"就非常巧妙地将活动环节设置为产品模块（见图 4-6），用户需要每天回答一个带有"天天爱答题"标识的问题才能完成一次签到，持续签到 20 天就可以领取 20 元移动电话费。这样用户通过活动和产品建立了连接，从"想要奖品"这个利益点驱动的用户变成了既"想要奖品"又"使用产品"的真实活跃用户。

图 4-6 百度知道首页截图

第 5 章

别让活动死于内容

正如一篇文章好不好，除了看标题之外还需要看内容，活动好不好除了看主题、策划之外也要看内容。内容质量过硬，对用户有吸引力，那么活动就可以贴上成功的标签；反之，内容乏味，吸引不了用户的关注，那么活动自然也就难以达到预设的效果。

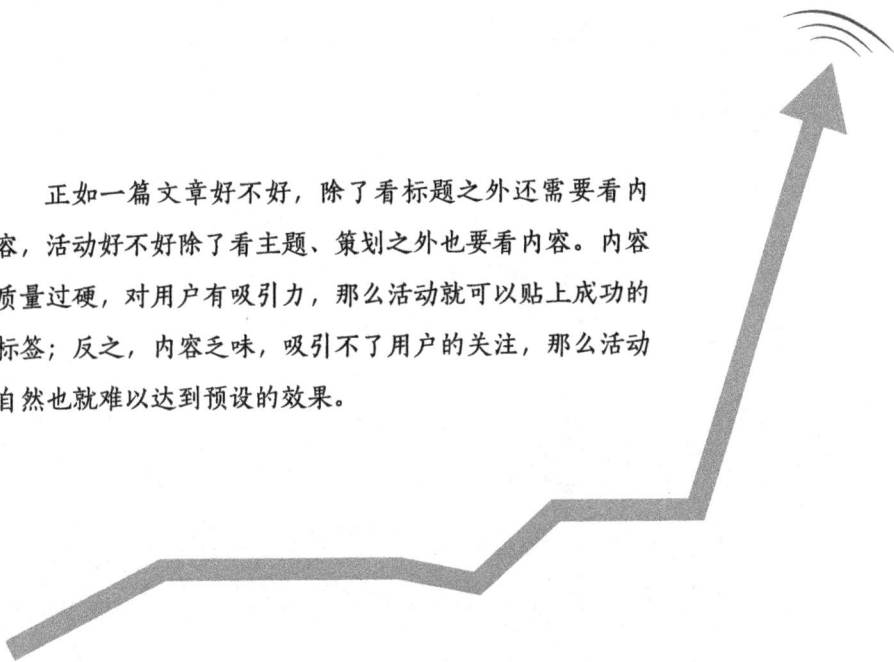

5.1 先做忠诚度，再做知名度

传统企业在做活动时通常会先做知名度，最终才会赢得忠诚度。而在移动互联网时代，产品活动化的趋势日渐明显，产品即品牌。在这种背景下，先做忠诚度就显得尤为重要了。用活动培养用户的忠诚度，通过口碑传播不断强化这个过程，达到了足够的量级之后再投入时间和精力去做知名度，必然会取得事半功倍的效果。

5.1.1 引导用户对活动进行信任背书

根据乔·吉拉德的"250定律"，每一位用户都可能代表250位潜在的用户，假如你的服务出色，产品优质，或活动有特色，那么每一位和你做生意的用户都有可能推荐另外250人和你做生意；反之，假如你的服务比较差，产品质量比较差，或活动组织得很拙劣，那么你就会塑造出250个坏口碑的传播者。

"250定律"的存在对活动运营具有重要的启示：活动在内容上需要展示出自己的特色，培养出自己的种子用户。种子用户的一个最大特点就是具备移动的忠诚度，能够自发地传播企业活动的信息。也就是说，企业培养出了自身的种子用户，这些种子用户就会对活动内容进行信任背书，影响到他们身后无数个"250个人"，那么活动运营就会裂变式传播，最终产生引爆效应，提升知名度。

MIUI用户就是从最初的100人开始积累的，并且通过口碑传播不断扩散，如今已经为数以千万计的人所熟知。在早期的用户积累阶段，MIUI通过一系列"为发烧而生"的活动成功培养出了具有极高忠诚度的发烧友用户，最终推动了小米手机的迅猛发展。

5.1.2　为活动添加文化气息

活动要想吸引用户，在用户心中留下深刻的印象并获得用户的忠诚，就需要在内容上表现出一定的文化气息。文化往往能够和人们的精神世界产生共鸣，让人们对活动所展示的某种价值产生认同感。基于此，当活动内容带有文化气息时，其对用户的感染力也会大大增强，使用户参与活动的积极性变得更加强烈，甚至产生痴迷。

日本惠比寿花园广场是东京的一处有名的商业休闲设施，周边有写字楼、餐厅、高档商场、酒店、美术馆、花园等，经常被选作电视节目的外景地（见图5-1）。为了提升知名度，吸引全世界的游客，惠比寿花园广场会经常举办各类活动，如知名企业的新品发布会和展示会等商业活动，也有音乐会、露天电影等文化活动。还有惠比寿文化祭，每年都有一个主题，除了艺术、电影等专业程度较高的活动环节，像音乐、舞蹈等活动的表演者都是当地的学生、居民和店员等，很少邀请明星。大部分活动在露天广场举办，包括发生耗材的体验活动在内，而且不收门票。这些都可以称得上是真正的民众自己的文化活动。

图 5-1　惠比寿文化广场周边的建筑

5.1.3　善以传奇故事培养品牌忠诚度

企业要想讲好产品故事，提升自身品牌在用户心中的美誉度，成功打造人气爆品，就要善于创造和自身品牌相关的传奇故事，用神秘、神奇、特色来吸引用户关注。故事越具有传奇性，就越能引发用户的好奇心。

生动有趣的历史传说总能为品牌带来深刻的文化价值。当一个品牌和一个富于传奇色彩的故事联系在一起时，人们会不由自主地回忆起品牌背后的传说故事，继而将品牌铭记于心。假如传说故事本身有着很强的感染力，那么就更容易让用户忠诚该品牌。

1893 年，可口可乐公司获得了美国国家专利局授予的注册商标。不久之后，可口可乐的创始人就向全世界宣布了可口可乐俘获大众心灵的秘密——一种名为"7x"的特殊物质。但是，全世界只有 7 个人知道"7x"的具体配方所存储银行的地址，其中有 5 个人掌握着保险柜的钥匙，另外 2 个人则掌握着开启最后保险箱的密码。因此，要想得到"7x"的配方，必须 7 个人合作才行。这样"7x"的配方就变得神秘起来，很多科学家无数次对可口可乐的成分进行分析，但都没有研究出"7x"的配方到底是什么。这不仅吸引了大量媒体的关注，还引发了大众的好奇心。而可口可乐也借机扩大了市场份额，提升了用户的忠诚度。

5.2 基础素材是活动传播的生命线

很多企业在做活动时总是喜欢利用一些看似很高端的形式，将绝大多数的内容浪费在副产品上。例如，有的企业在新产品发布活动中，往往将精力用在"大概念"和形式感上面。甚至有的企业认为做活动根本就不需要做什么铺垫和解释，因为用户根本就看不懂。其实不然，在移动互联网时代，用户已经不再会仅凭一句华丽的广告语就购买产品。

5.2.1 移动互联网时代，用户都是专家

随着移动互联网的高速发展，各种信息满天飞，人们可以轻易地通过互联网获得自己想要了解的知识，甚至比产品开发设计人员更了解产品的功能特点。在这种背景下，用户在购买产品前通常会仔细了解产品特性，搜索相关信息，和类似产品进行对比（见图5-2）。

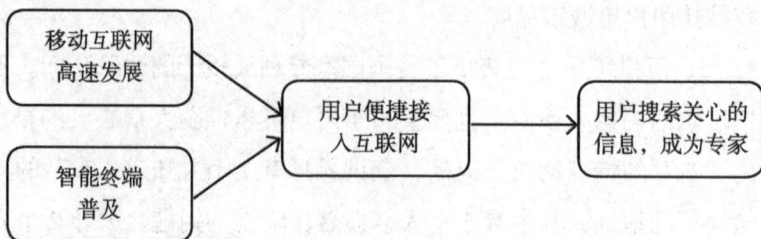

图 5-2 移动互联网时代人人都是专家

也就是说，现在的用户对产品的了解非常深入，知其然，也知其所以然。明白了这一点，我们就不难理解很多企业举办的活动虽然形式多样，投入巨大，却很难见效的原因。那么，活动要想进入用户的法眼，吸引用户关注，就需要聚焦基础素材，从产品和服务本身入手，去伪存真。

5.2.2 基础素材就是聚焦产品本身

企业要想凭借基础素材提高活动的吸引力，提升人气，首先必须了解基础素材是什么。所谓基础素材，就是有关产品本身的各种内容，如产品性能数据、产品功能介绍、产品应用展示、产品体验反馈等。这些基础素材能够让参与活动的用户直观地了解产品，从而对企业的活动形成更加深入的认知。

5.2.3 基础素材展示出的卖点才是用户最看重的内容

移动互联网时代，用户可以方便地通过互联网随时随地获得自己想要的信息，成为各个行业的专家。那么，企业在策划活动时就不妨开门见山，将最基础的素材搬出来，用最真实动人的卖点来诱惑用户。例如，产品发布会可以在新产品的各项功能数据上做文章，进行精彩展示；营销活动突出让利，用巨大的补贴数额吸引用户关注。

小米科技在做小米电视 2 时，独立音响是一个最新的卖点。小米电视的设计人员从解码技术到音质效果都做到了精益求精，体现了难得的工匠精神。在策划小米电视 2 产品发布活动时，小米科技做了一个非常详尽的产品站，内容几乎比国际上任何一个电视产品的网站都要详细和具体。用户在被精美图片吸引的同时也喜欢上了小米电视 2 的独立音响，进而喜欢上了小米电视 2（见图 5-3）。

图 5-3　小米电视 2

5.3　办一场苹果式的产品发布会

对于企业来说，产品发布会无疑是营销过程的重头戏。特别是新产品诞生后，在产品发布会上面对众多媒体的镜头揭开神秘面纱的那一刻，在一定意义上决定了新产品的曝光度和知名度，对树立产品口碑具有巨大的推动作用。

5.3.1　会前的神秘邀请函

从 2010 年 iPhone 4 取得巨大成功之后，苹果公司每年秋季的新产品发布会越来越受到关注。为了提升发布会的人气，苹果公司会在发布会召开之前一到两周向全球媒体发出电子邀请函（见图 5-4）。因为苹果公司对新产

品实行严格的保密制度，所以人们对苹果新产品的了解很有限。而这些电子
邀请函看似无关紧要，却总能透露出相当多的产品信息。于是，邀请函被发
出后，全球媒体就纷纷开始解读其中隐藏的新产品信息，从而在不自觉中为
发布会制造了声势。此外，发布隐喻性质十足的邀请函，用神秘感刺激"果
粉"的窥探欲望，也在全世界引发了一场猜谜语的游戏，提升了人们对苹果
新产品的期待，从而为新产品的顺利推出积累了巨大的人气。

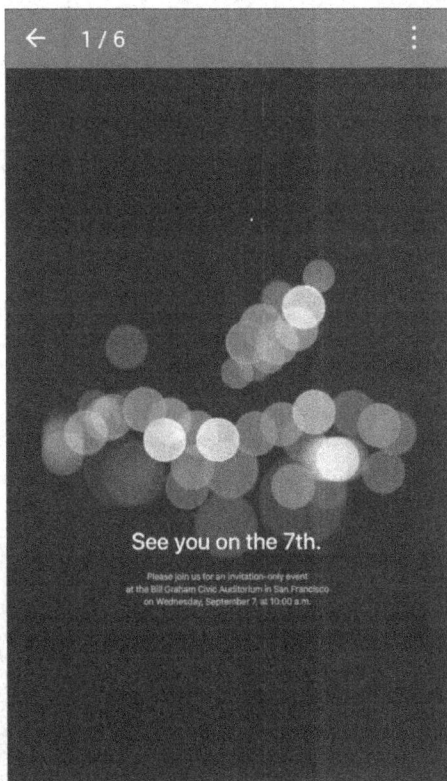

图 5-4　iPhone 7 电子邀请函

5.3.2 发布会最重要的话题元素必须锁定产品本身

发布会最主要的目的就是将新产品推到用户和媒体面前。也就是说，在发布会上，新产品是最重要的，也是唯一的明星，企业应该尽量引导话题围绕新产品展开，而不是抛开产品搞"副业"。有些企业会在产品发布会上加入一些非产品的热点，如请明星登场助兴，或者请模特走秀，或者搞一些抽奖活动。这些行为其实都是错误的，会不同程度地降低用户和媒体对产品本身的关注程度。

如何在发布会上围绕产品制造话题，这的确是一门大学问。成功的发布会在召开之前必须是深思熟虑的，有主要的热点话题，否则只能是华而不实。在苹果的发布会上，乔布斯及其继承者库克的发言都始终紧紧围绕新产品展开。他们站在舞台上，用 PPT 向观众一项一项地展示新产品的功能特色，话题始终不离新产品的特有功能，或充满科技感，或富有惊艳感。在观众看来，苹果的新产品就像乔布斯或库克的孩子一样，他们介绍的已不是没有生命的物品，而是充满灵性的儿女。

图 5-5　乔布斯从牛皮纸信封中抽出新款笔记本电脑

苹果的发布会除了善于创造功能性的话题之外，还善于利用场景营造惊艳的话题。其历届发布会除了不断带来惊喜的新一代产品以外，那些精彩的发布会场景更让人们在震惊中真切地感受到苹果的科技创新能力。例如，苹果首次发布 MacBook Air 的现场，当乔布斯从一个牛皮纸信封中抽出 MacBook Air 时，整个世界都被震惊了，谁也想不到苹果可以把笔记本电脑做成这样（见图 5-5）。

5.3.3 富有沉浸感的发布会才会让人获得享受

所谓沉浸感，就是让参与者深入地沉浸在发布会的氛围中，从而切实体验到产品的各种特点和性能。要想举办一场具有强烈沉浸感的发布会，发布会的舞台就要布置得简洁。特别是对于科技类企业而言，发布会的舞台甚至只需要一块荧幕或一块 LED 屏就足够了。而场外则可以设计得比较活泼，多办一些互动活动，给参会的媒体记者、用户代表等带来愉悦的心情，为发布会营造一种喜庆气氛。

另外，发布会现场的座椅布置应体现平等参与的特点。至于发布会的时间，最好不要超过 90 分钟，否则参会者会觉得疲惫乏味。

苹果发布会的沉浸感就非常强。不管是乔布斯还是库克，他们的衣着都很休闲，但不随意，在和观众聊聊家常的同时很自然地展示产品的各项功能。这样做首先就会营造一种安全、放松的环境，继而迅速拉近自身和观众的心灵距离，建立起信任关系。苹果发布会还善于利用简单而偏深色的背景以及简单而高纯度的色块组合引发观众的沉浸感，其经常使用的黑藏青"黎明暗"背景在观众眼中就像黎明前的颜色，会让人摒弃杂念，完全地沉浸在苹果的产品世界中（见图 5-6）。

图 5-6　富有沉浸感的色调背景

　　另外，苹果发布会所有呈现的 PPT 版面上的文字都少到不能再少，简单到不能再简单。这样做是为了让观众将更多的注意力投放在演讲者身上，从而让演讲者更容易走入观众的潜意识中，使整个发布会更有沉浸感。

5.4　嗨翻了，互联网思维活动海报

　　生活中处处有海报的身影：组织社区活动，需要在社区宣传板上张贴海报，邀请大家积极参与；电影首映之前，各种宣传海报会占领报纸、电视和自媒体，力求将更多的人拉进电影院；新产品推向市场前后，企业也会开展海报攻势，想赢得更多用户的芳心……由此可见，海报的作用是非常大的，利用得好可以起到显著的传播效果。特别是当下人们对感官满足的需求越来越大，各类企业在开展市场推广活动时都不会忽视具有强大视觉冲击力的宣传海报的作用。

5.4.1 突出宣传主题

如果宣传主题不突出，整张海报的颜值也就会下降。天猫"双 11"大促销发展到现在，已经成为全国乃至全世界消费者一年一度的购物狂欢节。每位消费者都早早地看好了自己中意的商品，等待着"双 11"到来，然后在零点疯狂抢购。2016 年"双 11"，天猫商城组织平台上的各个实力商家展开了一波主题鲜明的海报轰炸。每个商家海报的核心主题都是"猫 + 品牌"，让消费者看过后产生了天猫将世界各大品牌收入猫头的感觉（见图 5-7）。

图 5-7　天猫"双 11"主力商家海报

5.4.2 视觉冲击让人目不斜视

时下各种海报铺天盖地，用户很容易产生审美疲劳。企业如何让自己的海报真正抓住用户眼球，走进用户的内心呢？俗话说"百闻不如一见"，只有在视觉上做好文章，营造出强大的冲击力，并能够牢牢地锁定目标用户群体，让他们目不斜视，就能打造出超强的人气。

电影《花木兰》的海报就因为极具视觉冲击力而获得了好评，为电影带来了超高的人气（见图 5-8）。最显眼的是金属头盔表达了金戈铁马、驰骋疆场的战争元素，而头盔下面鲜艳、娇柔的红唇则揭示了巾帼英雄的妩媚和柔情。这样的元素搭配使整个海报风格鲜明，让人在第一眼就能联想到替父从军的花木兰。其中高度浓缩的中国元素和戏曲美感更是令人遐想联翩，好奇心大增，忍不住跑到影院一睹为快。

图 5-8　电影《花木兰》的宣传海报

5.4.3　富有创意，令人惊艳

除了利用色彩、文字等元素构筑强烈的视觉冲击之外，企业还可以利用独特的富有创意的构思让活动海报亮起来，营造惊艳感，继而在第一时间俘获用户的眼球，引发围观效应，带动相关产品和服务的销售。

《龙虾》（*The Lobster*）是一部具有很高人气的电影，其故事情节非常吸引人：在未来社会，单身是有罪的，一群单身男女被关在了一家酒店里，他们

必须在 45 天内找到自己的伴侣……出品方在设计电影宣传活动海报时运用了
留白手法，使整个海报看起来是科林·法瑞尔（Colin Farrell）的拥抱姿势拼
贴，他的双手看起来似乎在拥抱孤独，和影片的内容非常契合。尽管整张海
报仅为黑白两色，但是没有让人觉得平淡无奇。相反，因为构思新颖、富有
创意而让人看过后产生了惊艳之感，留下了非常深刻的印象（见图 5-9）。

图 5-9　电影《龙虾》富有创意的宣传海报

5.4.4　放大卖点

活动海报在突出主题的同时也需要将卖点放大，让用户一眼就能够明白
海报想要"说"的是什么。假如卖点不突出，海报自然也就缺乏吸引力。

蓝魔手机为其新品 MOS3 发布了一张宣传海报（见图 5-10），整张海报

最亮的地方只有"真心快"三个字。用这三个字来形容 MOS3，并且配以飞速行驶的富有科技感的摩托车形象，让人们情不自禁地产生了强烈的好奇心：这款手机到底有多快？"真心快"这种表述虽然看似简单，但是通俗易懂地将蓝魔手机的卖点突显出来，用户从中可以直观地意识到"快"是蓝魔 MOS3 的一个最大特点。而"真心快"也更像是用户使用过后发自内心的感受。

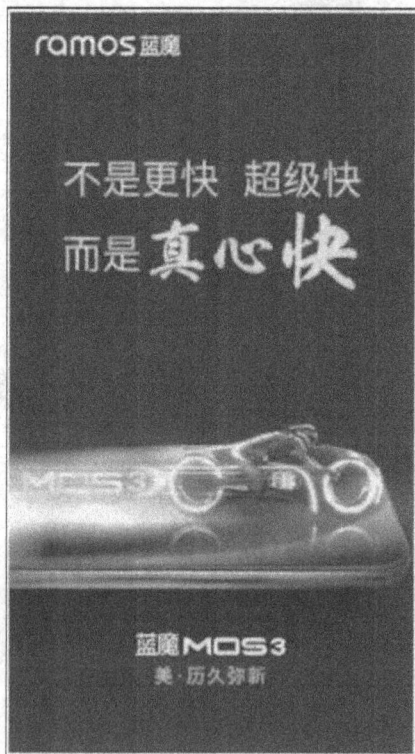

图 5-10　蓝魔手机 MOS3 的宣传海报

5.5 一次激情满满的路演展示

早期的路演是证券发行商针对机构投资者的一种推介活动，如今的路演已经发展到包括新闻发布会、产品发布会、产品展示、产品试用、优惠热卖等综合展示活动。企业要想做好活动运营，路演是一个绕不开的"坎"。乔布斯革命性地推出苹果手机是路演中的经典之作，雷军的"跑个分"也是路演中的佳作，罗永浩则开创了相声式路演……可以说，一次激情满满的路演能够帮助企业更快速地提升知名度，营造亲和力，扩大影响力。

5.5.1 展示自己的风格和故事，不要套用模板

每个产品、每个人的故事都是不同的，都可以成为吸引用户关注的焦点。因此，企业在路演时一定要以自己的产品风格和故事为中心。而路演的类型也应该依据企业想要明确传递的信息以及希望定位的目标用户群体而设定。例如，企业要想抓住大学生群体，传递自身产品的时尚定位，那么在路演时就需要更有动感，添加更多的潮流性元素。而实际情况是很多企业在路演时总是喜欢套用一些成熟的模板。这样做虽然能够吸收他人成功的路演经验，但是失去了自身的个性，丢掉了激情，会让受众觉得似成相识，继而感到乏味。因此，路演的效果也就大打折扣。

为了使路演体现出个性和创意，企业可以在路演中讲述一个痛点类的故事。这类路演可以是场景化的演绎，也可以是分析对比的展现，但一定要拒绝干巴巴的产品介绍和数据堆砌，拒绝没有亮点的感知。用简洁明确的理性分析、市场反馈和关键数据展现现实价值，猛烈地撞击用户的心灵，这才是点燃用户激情的正确方法。

　　宜家很善于在路演中展示自身的风格，讲述自己的故事。它和 MEC 娱乐公司合作，曾在电视台开辟了一档名为"改造我家厨房"的实景节目，将路演成功搬上了电视（见图 5-11）。制作单位会从主动报名的用户中挑选出适合厨房改造的家庭，并且观察这些用户的作息时间和兴趣，然后由主持人和知名主厨在五天内为这些用户打造专属厨房。这个系列节目每集约 30 分钟，制作单位会使用宜家产品为所选中用户的厨房进行翻天覆地的大改造，并且会在改造过程中详细介绍宜家产品的特色，告诉用户这些家具如何让他们的生活变得更加便利。即使很多用户知道这个电视节目是由宜家赞助的，但是因为节目中所讲述的故事使每位用户都对宜家产品的质量和品质有了更深刻的认识，很多人在收看这档电视节目之后再改造厨房时都会考虑选择宜家的产品。通过创造性地将用户拉入自己的故事中，宜家也大大提升了自身品牌的美誉度和产品的人气。

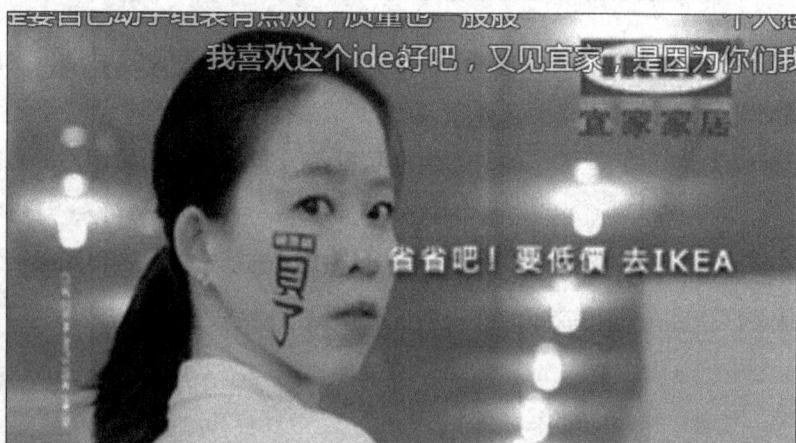

图 5-11　宜家通过赞助电视节目让用户讲故事

5.5.2　制作一份富有激情的 PPT

PPT 是路演的重要载体，一份简洁而又富有激情的 PPT 能够让企业的路演展示变得更有效，现场更富有感染力，让用户更易于理解，更乐于参与。

路演 PPT 的本质在于可视化，将原本看不见、摸不到、比较晦涩难懂的抽象文件，转化为由图表、图片、动画及声音构成的生动场景，以通俗易懂的形式展现出来。用户瞟一眼就能看懂，而不用去读其中的文字。这种路演 PPT 才最有效果。

研究表明，20 分钟是快乐的极限。因此，路演 PPT 的篇幅要坚持简单、清晰的原则，将核心内容锁定在观点上，让用户准确地了解产品的功能和特点。简单而又清晰，这样的路演 PPT 才更能激发用户的参与感，带动路演的活动激情。

5.5.3 做好用户互动，擦出激情火花

与用户互动是路演取得成功的关键，甚至是决定性因素。假如企业在路演过程中比较 "高冷"，只注重展示产品功能，自说自话，那么用户免不了会沦为看客，时间长了，必然会对路演失去热情。而互动环节则能有效避免路演成为独角戏，提升路演在用户心目中的分量，并增强用户的参与感。更重要的是，有互动环节的路演能够有效地点燃用户的激情，推动用户转发分享，以促进自身的裂变式传播，迅速扩大影响力。

小米在济南苏宁永安店进行的路演活动就设置了很多互动环节，用户进入活动现场后都会被小米的高清摄影设备记录并及时打印出来。路演邀请了网红现场直播，邀请用户参与直播并合影，答对相关问题将得到相应的奖品。此外，路演还邀请了济南的 "米粉" 达人，提前体验红米 pro 手机，在活动现场进行摄影主题的分享。这些互动环节让路演更富有激情，吸引了大量 "米粉" 参与（见图 5-12）。

图 5-12　小米路演现场展示产品

5.5.4　着装要恰到好处，不要让用户分神

　　很多企业在路演时过于追求轰动效应，以致着装个性十足，不是太过平淡，就是太过醒目。其实这样做是有风险的，因为这样的着装会吸引用户太多的关注，用户会将关注的焦点锁定在着装上，而不是路演的内容，这样路演的效果自然会差很多。那么，如何着装才最安全呢？最简单的方法就是统一团队服装风格。简单、统一的着装在宣传路演主题的同时，也不会太多地分散用户的注意力。

5.6 制作激发用户分享的短视频

企业为了宣传自身产品或服务而拍摄的短视频，相对于静态的图片更生动、更形象、更能吸引用户关注，获得用户喜爱。通过小电影式的动态画面，用户能够更加直观地了解企业品牌的价值，感受企业的产品和服务，在视觉体验上更直接、更有冲击力。假如企业在活动中多引入一些短视频，甚至将活动以短视频的形式投放，就可以使活动内容更有吸引力和鼓动性。

5.6.1 有风格才能抓住人心

能够激发人们转发欲望的短视频首先要有自身的风格。就好像一部电影，特定的风格总会在观众心中留下深刻的印象，成为人们在社交媒体上讨论的焦点话题。所以，企业在拍摄制作短视频时一定要在风格上突出亮点。

（1）诱惑风格，推动用户转发

企业要想用户大量转发短视频，可以在其中添加一些诱惑性的元素，如转发送奖品。这样的短视频能够在短时间内迅速地积累起人气，形成引爆效应。

华为手机在新品 Mate 9 推出之后，为了提升这款产品的人气，在用户群体中制造轰动效应，在官微上推出了转评送手机活动。在短视频中，华为不仅向用户详细介绍了 Mate 9 配备的二代徕卡双镜头所具备的全新双传感器，搭配 2 倍双摄变焦、大光圈 2.0 等功能，还颇具诱惑地提出了一个问题，承诺从答对问题的用户中抽出一名幸运者，赠送一台 Mate 9 手机（见图 5-13）。这样一来，大家纷纷转发这个短视频，从而使华为 Mate 9 的人气大涨，成为微博上的热门话题。

图 5-13　华为手机上具有诱惑风格的短视频

（2）教学风格，为用户提供价值

虽然"教学"一词听起来比较枯燥，但是这类风格的短视频对于用户却有很大的价值，其人气往往都非常高。企业可以立足自身产品某个设计细节或某项功能的使用拍摄具有教学风格的短视频，提升用户的产品使用效率，引导用户主动在社交媒体上进行转发分享。

小米手机为了提升用户的产品使用满意度，会经常在官微上发布具有教学风格的短视频，在引导用户更熟练地使用小米手机的同时，更深刻地体会小米手机"为发烧而生"的产品精神。例如，为了普及常用查询、测试指令功能，小米手机在官微上发布了一个短视频，手把手地教用户如何快速进入系统界面，如何查询手机情况、电池记录、使用数据等信息，如何获得手机的 IMEI 码（见图 5-14）。这些短视频对于"米粉"而言是非常好的教学课，帮助用户更深入地了解了手机的隐藏功能和性能，收获了很大的转发量。

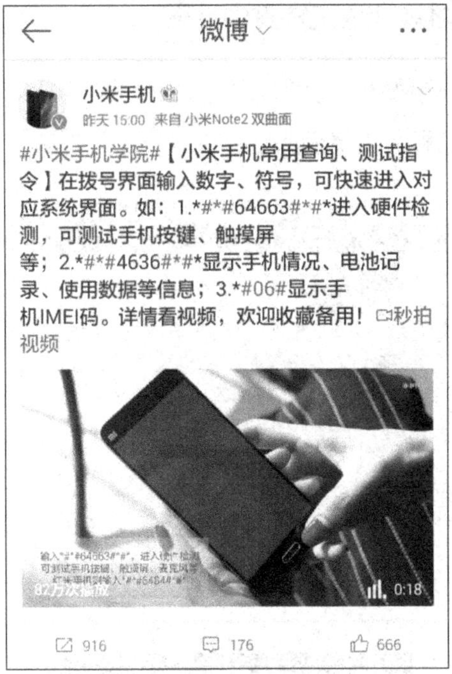

图 5-14　小米手机上具有教学风格的活动短视频

（3）唯美风格，俘获用户的心

除了上述两种风格以外，短视频也可以具有唯美风格，用自身的内在美来征服用户。此外，短视频还可以走青春路线，用蓬勃的朝气感染用户；走色彩路线，用精美丰富的色彩营造美的场景；走幽默路线，用悦心之美俘获用户……

中国太平保险集团有限责任公司是中国保险行业历史最悠久的民族品牌，1929 年创立于上海，历经 80 多年风雨，已经发展为一家拥有 20 多万员工、24家子公司、1400多家各级营业机构、4000亿元总资产的大型跨国金融保险集团。太平保险的宣传短视频就极具唯美风格，画风大气、典雅，因而深受用户喜爱，经常被分享到各类社交媒体平台上。

5.6.2 有情感才能让人沉浸其中

企业活动的短视频要想最大限度地感染用户，引爆消费市场，还必须为自身蒙上一层情感色彩，以情动人。

图 5-15 滴滴出行提醒人们注意安全的高人气活动短视频

任何产品都会存在主要的用户人群，这个用户人群会占据产品消费市场的大部分份额。所以，企业在宣传自身品牌、推广自身产品和服务时，应该针对目标用户群体的主流情感需求制作相应的短视频，使其更有针对性。

滴滴出行的目标用户群体主要是司机和乘客，对于这类人群而言，安全出行无疑是最强烈的情感需求。所以，滴滴出行就特别注意为自己的活动短视频添加平安、顺畅的情感色彩。这类短视频不管对开车的人还是坐车的人来说都是一种警醒，也是一种情感保障，因此一直具有很高的点击率（见图5-15）。

5.6.3 做传统道德情感的代言人

传统的道德情感一直是社会主流需求，假如短视频中能够注入传统道德情感因子，势必会在更大范围内引发共鸣，产生轰动效应。

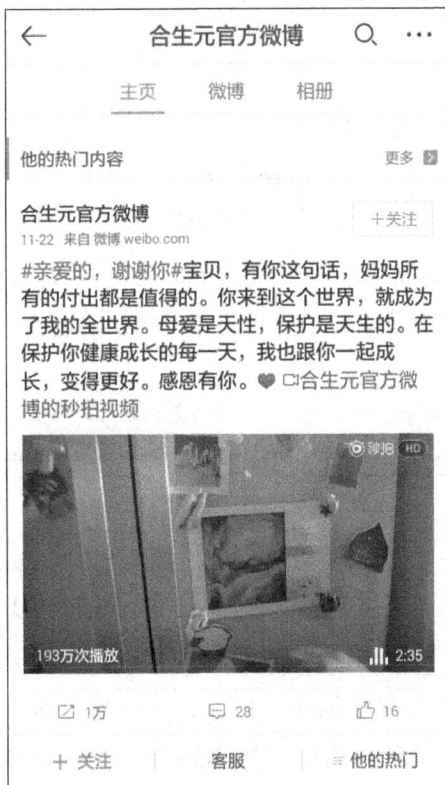

图 5-16 合生元充满情感的高人气短视频

合生元就非常善于为自身的宣传推广短视频添加传统道德情感因子，用传统情感的影响力引发用户群体的共鸣。例如，合生元在一部短视频中为一位母亲设计了这样的独白："宝贝，有你这句话，妈妈所有的付出都是值得的。你来到这个世界，就成了我的全世界。母爱是天性，保护是天生的。在保护你健康成长的每一天，我也跟你一起成长，变得更好。感恩有你。"这充满浓浓母爱的独白感染了很多人。该视频被一万多人转发，为合生元赚取了很高的人气（见图 5-16）。

5.7 讲用户愿意分享的故事

人人都有故事情结。小孩子喜欢听故事，成年人也喜欢品味故事。故事和活动运营相结合会赋予活动无与伦比的魅力，使其更有亲和力和吸引力，最终在用户心中留下深刻的印象。更重要的是，活动的故事化还便于用户口口传播或在社交媒体上分享，使产品能够以更快的速度进行裂变式传播，产生更大的影响。

5.7.1 好故事必备三要素：简单，有情感，富有想象力

（1）简单化，才能利于传播

戴瑞珠宝在讲述其戒指的故事时，就着眼于"一生只送一个人"的爱情宣言，将自家戒指的编码和爱人的名字绑定，以此证明爱情的忠贞和久远（见图 5-17）。这个故事尽管简单，但让人对爱情充满了幻想和期盼，又因其简单隽永而被用户牢记，戴瑞珠宝的戒指也因此成为年轻男人的首选定情之物。

图 5-17　戴瑞珠宝"一生只送一个人"

（2）情感化，让每个人都感动

对于企业而言，讲故事的动机在于用故事影响用户，引发用户产生共鸣，最终提升活动在用户群体中的人气。而要引发用户共鸣，故事内容就必须要有情感。

人人都渴望拥抱正能量，希望自己每天都能有好心情，能够看到美好的事情，遇到积极、阳光的人。假如企业的故事能够传递正能量的情感，如博爱、勇敢、奋斗、友谊、亲情等，自然就会和用户产生共鸣，引起用户的关注和喜爱。而负面情感则很容易引起用户的反感。

（3）想象力，带领用户走进新世界

要想讲好故事，想象力是必不可少的要素。正是因为能够唤醒用户的想象力，故事才能在用户的脑海中扎根，成功提升企业品牌的人气，助力企业的爆品战略。

富有想象力的故事源于现实又超越现实，能为企业的起源、发展及品牌蒙上神秘、温馨、浪漫、勇敢、奋发等色彩，让用户对企业及其产品产生更加深刻的认知。

5.7.2 掌握传播技巧

在活动运营的过程中，用户所说的话总是会比企业自身的叙述更有说服力，更能打动人心。因此，假如企业能够通过传播用户和自身产品相关的各种故事，势必会吸引更多的听众，从而更有真实感。

那么，用户愿意传播的活动故事应该是怎样的呢？

（1）用户在使用产品的过程中发生的故事。这类故事一般是用户或其亲朋好友在具体使用企业产品时的经历或收到的意外惊喜的故事。

（2）用户在认购企业产品、服务时发生的故事。例如，企业销售人员多收了用户的钱，但没有私吞，而是想方设法返还的故事；企业员工耐心地向用户讲解产品功能、使用细节，和用户深入互动的故事。

（3）用户在享受企业后续服务过程中发生的故事。例如，企业售后人员在法定节假日期间赶赴用户所在城市为用户解决问题的故事；企业免费为用户提供维修服务的故事。

（4）用户在获得产品或服务所提供的物质利益和精神利益的同时，还能获得额外利益的故事。例如，某位用户从购物者转变为销售人员的故事；企业的产品或服务改善用户家庭成员之间关系的故事。

企业可以通过有奖征集、调查、回访等形式收集和传播这些故事，通过分享这些故事和用户沟通，继而让自身品牌在用户群体中获得更大的关注和认同，形成更高的人气。

5.7.3　结合自身经历创造真实故事

一个品牌的诞生，一个产品的出现，饱含了创造者的无数心血。企业可以总结自身的创业故事，大力挖掘创业过程中的点点滴滴，使活动在用户眼中变得更有魅力。企业还可以将品牌和创始人的人格魅力完美地融入故事中，让故事更有可读性、人情味和趣味性，更容易成为引爆活动的导火索。

5.7.4　合作伙伴、员工及其家庭的故事

附加在产品上的故事不局限于企业的创立者或产品的研发者，也可以是合作伙伴和员工的故事。例如，合作伙伴坚决阻止不合格产品进入生产线，为了保证产品质量日夜坚守在生产线上，或严把原料质量关、全心全意做好服务等。

第 6 章

寻找活动的引爆点

企业要想活动获得满意的效果，必须学会引爆。活动运营过程中，企业要善于寻找引爆点，甚至制造引爆点，调动用户的积极性，推动分享，提升人气和影响力。具体地说，企业可以从活动运营的思维支点、热点事件、仪式感、跨界等方面入手，制造引爆点。

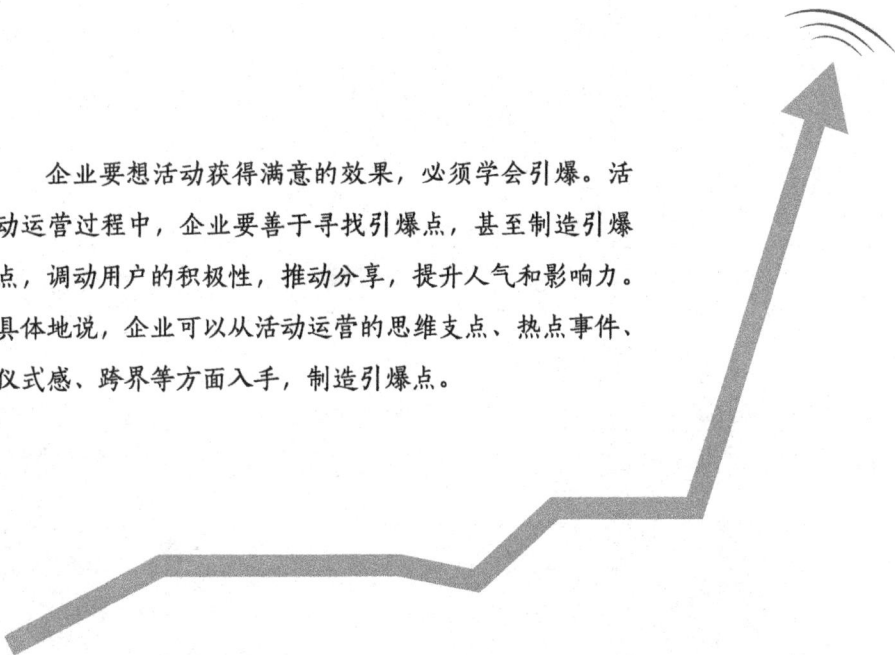

6.1　活动运营的三个思维支点：刚需、高频、痛点

　　企业要想打造出爆品，就必须了解活动运营的三个思维支点——刚需、高频和痛点。只有抓住目标用户的刚性需求，从需求频次最高的行业切入，企业才最有可能获得用户的青睐，引发用户的追捧，从而成功地打造出爆品。

6.1.1　刚需思维：不取远水，只解近渴

　　在企业活动的爆品思维中，刚需是一个最基本的引爆要素。假如企业做活动脱离了刚需的基础，那么不管活动看起来如何"高大上"，都只能是空中楼阁。试想一下，企业的活动脱离了用户的刚性需求，又如何提升自身知名度，引爆人气呢？很多企业在活动立项时最常犯的一个错误是"想到啥做啥"，这些企业习惯做自己认为最有号召力和影响力的活动，希望在此基础上打造一个活动品牌。善于想象是对的，但是假如企业只盯着自己，却不管用户的需求是否存在，那么其策划的活动就很容易掉进"好活动无人气"的陷阱中。

　　人们在生活中存在必需和非必需两个层次的消费需求。当企业瞄准必需层次的需求设计活动时，所推出的活动必然带有"必不可缺"的属性，其激发用户参与感的概率就会大大提升（见图 6-1）。

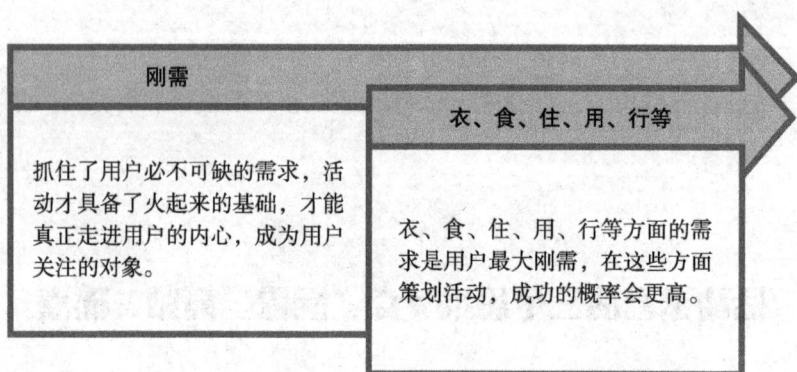

图 6-1　衣、食、住、用、行等是用户最大的刚需

6.1.2　高频思维：远离一次性，挖掘多次性

企业要想找到活动的引爆点，在抓住用户的刚需后还需要在用户需求频次最高的领域做文章。用户对某类产品或情感在单位时间内需求的次数越多，意味着这类产品或情感被消费的次数也越多。企业如果能够针对这类需求策划活动，那么活动受欢迎的可能性和成功引爆的概率也会变得更高。

（1）用而不频是制造爆品的"毒药"

很多企业设计出来的活动，不管从品质还是风格上看都是精品，甚至堪称艺术品，但是一旦面对用户投放，关注的人却寥寥无几。为什么会出现这样的状况呢？答案其实很简单，这些活动只是抓住了用户的伪需求，实际上却跌入了"需而不频"的陷阱。因此，企业要想让自己的活动火爆起来，就必须抓住用户高频次的真需求，避开低频次的伪需求。

所谓真需求，是指用户的需求原本就客观存在，企业并不需要投入大量的金钱和精力来培养用户习惯。这种需求对于企业而言才具有真正的商业价值，能够为其带来可观的经济收益。针对这种需求，企业只需要整合资源，打通环节，提升效率，有针对性地开发产品和提供服务即可盈利。例如，打车对于人们而言就是一种真需求，也是一种高频需求。反之，假如需求并非客观存在，需要企业投入大量的财力、物力和人力去培养用户习惯，那么这种需求就可能是伪需求。另一个判断真伪需求的办法就是看补贴前后消费量的增减情况。如果是真需求，无论有无补贴，消费量都会保持在一个平稳的区间。而伪需求就不同，没有了补贴，消费量会立即大幅下降。

"从 A 点到 B 点，开车只花 15 分钟，结果找停车位花了 30 分钟。"这在北上广等大城市绝对不是一个笑话，停车难已经成了有车一族的心结，也是很多大城市"城市病"的重要表现之一。假如能有一个类似于滴滴打车的软件，在用户临出门时帮助查好车位信息，这显然是一个高频需求。能够做好这一点，势必会获得有车一族的关注。也正因为抓住了用户的高频需求，滴滴快车实现了其营销目标。

（2）细分引导，制造高频

企业除了直接针对用户的高频需求设计活动之外，还可以通过细分传统低频需求的方法来制造高频需求，在此基础上设计活动。

例如，判断家电清洁维修行业到底是高频需求还是低频需求，需要将传统意义上的维修进行细分。当分为安装、保养、清洁等领域时，其就成为"70 后"和"80 后"的高频需求。这些人是移动互联网的发烧友，经济实力比较强，对生活质量的要求也很高，但是不具备自己动手保养、修理和清洁家用电器的能力。更重要的是，这类人的时间、精力有限，会将这些耗费时间和精力的家务事一股脑交给专业人士解决。于是，商机也就出现了。

（3）聚焦小众，挖掘高频

对于企业而言，假如对用户普遍性的高频需求把握不好，不妨对用户进行细分，在小众群体中挖掘高频需求，继而有针对性地设计活动。某一类群体对活动的需求可能是低频的，但是其特定活动的需求频次往往非常高。例如，儿童群体喜欢卡通娱乐活动，老人群体喜欢健康养生活动，等等。假如企业能够把握住这类小众群体的高频需求，有针对性地设计活动，那么也可以达到预设效果。

6.1.3 痛点思维：要善于聚焦"失控点"和"盲点"

（1）在"失控点"上做文章

所谓"失控点"，就是对消费者而言需求很大却无力控制的领域。"失控点"无疑是一个巨大的消费痛点。当企业在活动中将这种"失控点"有效地控制起来，将"失控"变为"可控"时，便可能在瞬间释放消费者之前被压抑的需求，将痛点变为痛快，快速地引爆活动。

新辣道通过前期市场调查发现消费者对小龙虾有着莫名的喜爱，很多人外出就餐时往往想吃一顿丰盛的小龙虾大餐。但是，小龙虾身上却有一个"失控点"，让消费者望而却步，那就是小龙虾和肌肉溶解症之间有某种联系，很多人因为吃小龙虾患上了横纹肌溶解症。虽然近年来一些商家推出了"小龙虾险"，食客患病之后最高能够获赔 2 万元，但是不能从根本上解决消费者对小龙虾食用安全问题的担忧。

针对这个"失控点"，新辣道推出了自己的良记小龙虾外卖品牌（见图 6-2），通过彻底打消消费者对不卫生的小龙虾引发肌肉溶解症的担忧，打造自己的爆品。为此，新辣道专门花费巨资修建了自己的小龙虾养殖基地，从国外引进最先进的小龙虾养殖技术，为消费者提供干净、健康的小龙虾，让消费者可以放心享受小龙虾特有的美味。这样一来，阻碍消费者享受美味小龙虾的"失控点"就被彻底消除了，新辣道推出的良记小龙虾外卖品牌也因此获得了巨大的人气，成为很多人食用小龙虾的首选。

图 6-2　良记小龙虾

（2）将"盲点"点亮

所谓"盲点"，是指用户意识不到或在潜意识中被忽略的需求。企业在做活动时必须要能发现"盲点"，并且能从"盲点"中提炼出"兴奋点"，从而有针对性地激发用户在某一方面的潜在需求，最终成功引爆人气。例如，可口可乐的摩登罐就是在开发用户"展示自我"这个"盲点"基础上的成功活动运营（见图 6-3）。

图 6-3　可口可乐摩登罐

6.2　走心的活动才能制造引爆点

对于企业来说，获得用户的情感认同是非常必要的。有了情感上的认同，点燃了情感爆点，企业在打造人气活动的道路上就会更加从容。但是，用户对企业和产品的情感并不是凭空出现的，这需要企业持续在活动中进行情感投资。假如企业不注重情感投资，那么即使用户对产品存在一定的好感，这种好感也会随着时间的流逝而变淡，直至最终消失。因此，对于企业而言，走心的活动必须以情感投资为核心目标，以便在与用户进行线上线下互动时加深其对企业和产品的情感认同。

6.2.1 从用户的情感痛点入手做活动

要想让活动走心，展现出情感的魅力，让用户产生情感共鸣，企业就必须抓住用户的情感痛点，从用户最迫切的情感需求入手，让活动成为温暖用户心灵的"火焰"。如此，企业的活动才能真正被用户铭记。

黄太吉曾经推出过一个关爱一线城市上班族健康的"亚健康跟你有'蛋'关系送鸡蛋"活动（见图6-4）。这个活动很有创意，也有很强的针对性，它抓住了当下人们关注健康、渴望被关心的情感痛点。调查显示，我国有近八成的白领饮食不规律，近一半的受调查者表示早餐"应付一下就可以，起晚了就不吃"。这些人终日忙于工作，身边缺少关心自己的人。黄太吉认为，假如能够将自己变为这类用户的身边人，嘘寒问暖一番必然能够引发强烈的情感共鸣。

图6-4　亚健康跟你有"蛋"关系送鸡蛋宣传海报

于是，黄太吉的工作人员在 SOHO 门口开始了温暖的送蛋活动，在短短的 50 分钟内共送出了 1500 个鸡蛋。这些送出的鸡蛋上贴有一些可爱的标签，写满了让人们生活和工作变得不开心的问题，如"空虚、肥肉、压力、没钱"等负能量点。当人们将鸡蛋吃进肚子后，也就意味着这些问题都不再存在了。这样一来，所送鸡蛋不仅能填饱肚子，而且充满人文关怀。通过这个活动，黄太吉在提醒人们关注健康饮食的同时，还传播了自由、热爱生活、积极面对等正能量。这个活动因为创意新颖，有趣味性，让人们具有被关心的感觉，而获得了很大的成功，黄太吉也因此成了人们心目中的人气品牌。

6.2.2　向用户致敬，展示赤诚之心

除了持续举办一些和用户互动的活动之外，企业也可以通过一些单向活动向用户表达情感，从而使其对企业及产品产生更强烈的情感依赖。要知道，绝大多数用户习惯认为自己和企业之间仅仅存在买卖关系。假如企业能够通过展示活动打破用户的这种习惯性认知，就会迅速拉近与用户的距离，在情感上制造爆点。

华为在设计和营销荣耀系列手机时就专门策划了一个情感活动——为"花粉"拍摄一则宣传广告（见图 6-5）。在这则名为"勇敢做自己"的广告短片中，华为特别突出了本色、友谊、奋斗、勇气等正能量，鼓励广大"花粉"在生活和工作中要勇于坚持自己的梦想，挖掘自身的潜力，勇敢地迈出第一步。这则广告短片以其阳光的风格和奋发的精神深深地打动了粉丝，俘获了无数年轻人，让他们对华为品牌有了更多的好感，从而进一步提升了华为手机的市场占有率。

图 6-5　华为为荣耀手机推出的"勇敢做自己"宣传片截图

6.3　引爆活动的三个炸点：免费、补贴、奖励

要想成功引爆活动，企业可以在运营过程中设置相应的炸点，借助这些炸点在短时间内提升活动的吸引力，引爆人气和流量。那么，一场活动需要从哪些方面设置炸点呢？对于活动而言，最常见也是最有效的炸点可以概括为三个：免费、补贴和奖励。

6.3.1　免费

免费这种形式在活动运营中比较常见，几乎所有的企业都在使用。其看似老套，但在活动运营中却经久不衰，足见其对于活动引爆的意义。

一般而言，活动运营中的免费炸点设置可以从以下几个方面入手。

（1）免费信息提供

活动主办方可以免费为用户提供他们感兴趣的信息。例如，可以针对喜爱旅游的用户群体发布一些目标地区的住宿、门票攻略，帮助其做好行前规划。这样可以有效地培养用户关注活动的习惯，是活动积累人气和流量的有效途径之一。

（2）免费试用

活动主办方在活动期间可以向用户提供免费试用产品的机会，让用户能够和心仪的产品亲密接触。事实证明，这种形式对用户具有相当大的吸引力，所能引发的爆炸效应也比较强烈。

ofo 小黄车进入银川之后，为了扩大知名度，增加用户数量，开展了声势浩大的免费骑行活动。其推出的"周末免费骑车"活动吸引了更多的用户下载 ofo 手机 App（见图 6-6）。

图 6-6　ofo 小黄车周末免费骑行活动

（3）免费赠送

活动主办方在活动期间可以拿出一定数量的产品无偿赠送给用户，这种炸点设置方式迎合了用户的运气心理。为了最大限度地推动活动信息的传播，小米在宣传活动中会拿出一定数量的手机赠送给幸运用户。由于赠送数量有限，转发量自然大增，小米所要传播的信息也就随之获得广泛传播（见图 6-7）。

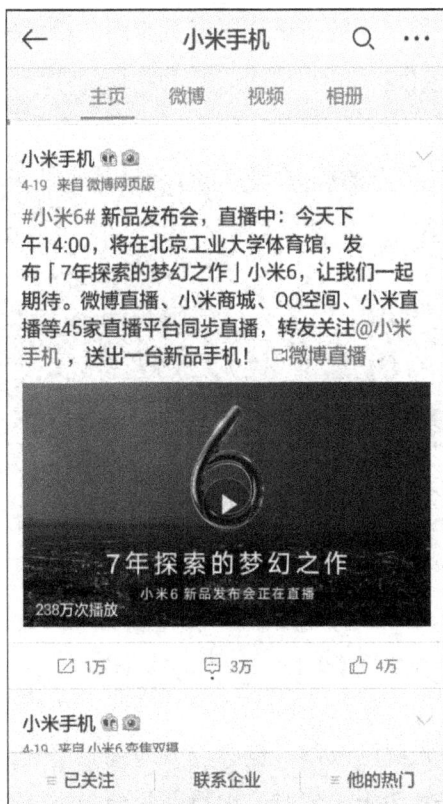

图 6-7　小米手机官微转发送手机活动

6.3.2 补贴

顾名思义，补贴就是对用户进行价格上的让利，降低其获得产品或服务的成本。从用户心理上看，几乎所有人都倾向于用最少的付出获得最大的回报，补贴引爆正是紧紧地抓住了用户的这种消费心理。

每年 6 月是京东的店庆月，6 月 18 日是京东的店庆日。在店庆月，京东都会推出一系列的大型促销活动，以"火红六月"为宣传口号。其中，店庆日是京东促销力度最大的一天（见图 6-8）。京东"618"购物节有一个最吸引人的地方，就是各种产品的价格比平时低很多。因此，很多用户提前几个月就做好了参与的计划。

图 6-8 京东"618"年中购物节发布会

6.3.3 奖励

在活动运营中引入奖励机制，也会极大地刺激用户，在短时间内吸引其参与活动。特别是活动成本为零时，用户参与的积极性会更高，活动引爆的概率也会更大。

青春小酒江小白让人心动的不仅是它的香醇口感，还有其瓶身上使人回味无穷的经典语录。喝着江小白，品味瓶身上的语录，回味人生点滴，已经成为时下年轻人的一种时尚。为了进一步巩固自己在用户心目中的品牌形象，加强与用户的互动，江小白还开展了"有奖征集表达瓶故事"活动（见图6-9），鼓励用户讲述由语录而想起的自己或身边人的故事，奖品是江小白"重庆味道"套装。这个活动一经推出便引发了人们的参与热情，人们纷纷在评论区留言（见图6-10），抒发自己对语录的看法，表达投稿参与活动的意愿。

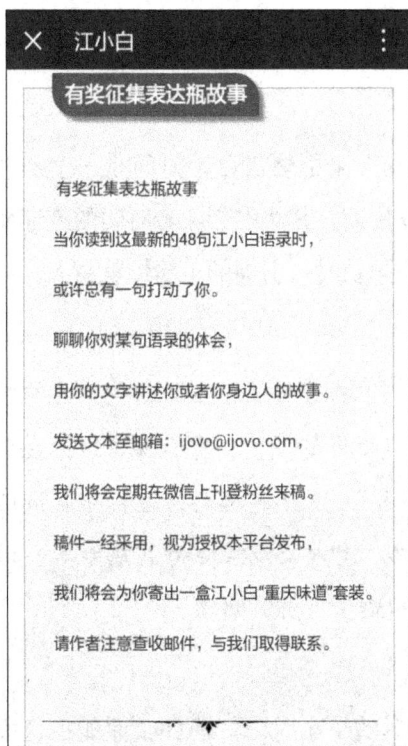

图 6-9　江小白"有奖征集表达瓶故事"活动　　　图 6-10　用户在评论区留言

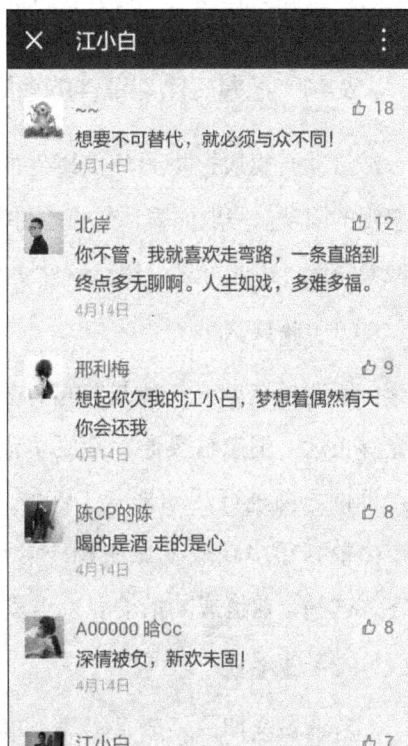

6.4 搭乘热点事件的"顺风车"

众所周知，热点事件往往具备超强的影响力，能够制造出超级网红和互联网流量风暴。假如企业的活动能够及时地搭乘上热点事件的"顺风车"，就可以借助其超高人气提升自身的知名度。

6.4.1 把握好热点事件的时间节点

活动要想通过搭乘热点事件的"顺风车"来引爆自己，时间是一个不能忽视的因素。一般而言，热点事件都有生命周期，其热度会随着时间的流逝而慢慢降低。由此可见，热点事件后活动跟进越及时，引爆的可能性就越大。

（1）抢跑期

所谓抢跑期，一般是指事件发生前的 12 小时内。假如活动主办方的眼光够长远，消息够灵通，能成功预测到热点事件的发生，那么就可以抢在热点事件之前进行活动推广。例如，北京申办 2022 年冬奥会，在宣布胜选城市之前，很多企业就做了相应的活动预热，让大家投票支持北京申奥。最终，这些企业也成功借助北京申奥成功而引爆了自身的活动。

（2）黄金期

所谓黄金期，一般是指热点事件发生后的 1 小时内。假如企业能在这段时间内及时开启活动进程，那么不管在朋友圈还是微博上都会成为抢手的"香馍馍"，在短时间引爆的概率自然也就很大。原因很简单，因为大多数用户都不具备专业的创新能力，所以只要有一个与热点事件相关的素材，他们便会在娱乐、使命等心理的驱使下进行转发，借助这些活动素材表达自己的看法。但是在热点事件发生 1 小时后，大家都反应过来，朋友圈、微博等自媒体平台上便会出现大量的热点素材，这时再去借势，受关注度自然会大打折扣。所以，热点事件发生后的 1 小时是活动借势的黄金期，活动主办方应该尽可能地做到快速制胜。

北京申办 2022 年冬奥会成功之后，小米科技立即开启活动模式，在微博上发布了一张活动海报——五个小米手环组合而成的奥运五环（见图 6-11）。此举使小米手环成功地抓住了北京冬奥会申办成功的黄金期，迅速提升了人气和销量。

图 6-11 小米搭乘北京申办冬奥会的"顺风车"

（3）白银期

所谓白银期，是指热点事件发生后的 6 小时内。尽管此时热点事件的影响力渐趋减弱，活动借势的难度加大，但是假如企业的方法得当，创意优秀，做得足够好，同样也能搭上热点事件的"顺风车"，有机会出奇制胜。

（4）废铜期

所谓废铜期，是指热点事件发生后的 6~12 小时。这个时间很尴尬。如果你是一个没跟过热点的新人，仅仅是做一张海报去传播还不如不做。因为这时不仅需要创意，还要有很强势的资源。这两个条件对于大部分企业而言是很难同时做到的。

（5）烂铁期

所谓烂铁期，是指热点事件发生后的 12~24 小时。这时再做借势已经没有太大意义了，因为事件已经被玩烂。在这个时期再想搭上热点事件的"顺风车"，企业就需要全方位、立体式地对热点事件进行各个角度的剖析，做深度报道，植入很有创意的元素。只有这样，企业才有可能制造出炸点。

6.4.2　借助热点事件引爆的三原则

活动运营要想搭上热点事件的"顺风车"，除了要把握好热点事件前后的时间节点之外，还需要遵守一定的原则。

（1）择势

所谓择势，是指活动要选择什么样的热点事件以及如何选择。活动主办方在选择热点事件时可以采用以下方法。

①从微博热搜排行榜、百度热搜等榜单上查找与自己策划能力相契合的最新热点事件，提前做好"搭车"准备（见图 6-12）。

图 6-12　微博热搜排行榜

　　②关注优秀企业的营销动态，如可口可乐、小米、宝马中国等。由于这些企业对热点事件的掌控往往非常精准，经常会借助热点事件进行相应的活动营销，关注这些企业的动态就能有选择地借势开展活动。例如，在"勒索病毒"大规模爆发之际，金山毒霸迅速打出了"毒霸率先防护"的活动口号（见图 6-13）。

图 6-13　金山毒霸率先防护"勒索病毒"

（2）用势

所谓用势，就是将热点事件和活动联系起来进行放大，使活动尽可能地搭上热点事件的"顺风车"。那么，如何进行放大呢？

①在微信朋友圈、微博等自媒体平台上发布借势的活动海报，然后借助一些社会名人、知名媒体、企业家等的微信公众号进行发布。

②付费传播。如果财力允许，企业可以将活动和热点事件相结合，在电视台、报刊杂志等大流量媒体上进行传播，还可以聘请专业的营销策划公司来帮助运营。

（3）造势

所谓造势，主要是针对事件的发生模式而言。生活中有很大一部分热点是可以提前预测的。例如，春节、情人节、冬奥会、足球世界杯等都是热点事件的沃土。

"爱分享"利用情人节开展的晒结婚证 H5 活动，因为能够帮助"单身汉"反击情侣的各种晒甜蜜行为而成为当天"单身汉"群体的最爱。据统计，情人节当天的结婚证生成量超过了 1000 万个，"爱分享"因此新增粉丝100 万人，微博搜索量达到 400 万次，位列热搜榜第二名，最多时每秒有 3万多人同时在线。

6.5 仪式感点燃用户情感归属

仪式是一个比较宽泛的概念，它不仅包括婚丧嫁娶等大礼仪，还包括很多小礼仪。例如，很多人在投飞镖时都习惯先闭上眼睛，深呼吸，然后睁开眼，这样便会感觉自己可以投中靶心。其实在这个过程中，你投飞镖的能力并没有变强，而仅仅是因为在这个小小的仪式中获得了某种自我暗示，让自己的注意力更加集中，感官对周围环境的变化更加敏锐，所以才会感觉自己的能力更加强大了。由此可见，仪式还能够让社群更有凝聚力，让社群成员之间的互动更加活跃。

6.5.1 仪式要相对固定并有严格限制

社群组织的每次活动都需要固定形式，如明确的开始和结束时间、明确的组织方式等。这样做可以提升社群成员的参与感。这也和一些商场、超市举办的"福利日"活动类似，消费者只有事先知道自己可以在"福利日"活动期间低价购入哪些产品，才会更有参与的积极性。

拥有固定形式的社群活动，还可以慢慢培养社群成员的期待感。期待感越强，社群成员参与活动的积极性也就越强烈。因此，成熟的社群都非常重视仪式，都有一些固定且严格的入群步骤以及举办活动的原则。

秋叶 PPT 社群在新成员加入时会有爆素颜照的入群仪式。这样一来，每次在新成员加入前，社群中的所有人都会产生一种期待感，而新成员会借此机会和老成员进行互动，整个社群的气氛也因此活跃起来。

6.5.2 设计明确的触发情景

固定仪式虽然能够培养出社群成员的期待感，但是人不可能每天都有"期待"。因此，社群的仪式还需要设计一种"期待"的触发情景，以帮助社群成员产生期待感。有时候，这种触发情景是在固定的时间出现。例如，社群固定在每周日晚上 8 点举办活动，每次临近这个时间时，社群管理者只要进行简单的预热，社群成员便会产生期待感。有时候，触发情景还可以是某个事件。例如，社群管理者可以组建一个"产品研究分群"，每次新产品研发出来开完发布会之后，社群成员的第一反应就是在群里讨论新产品和发布会，这样"新产品发布会"就成为触发情景。

除此之外，社群还需要长时间地强化"触发情景＋仪式化"的组合，以强化社群成员对仪式化的认同，使其形成条件反射——每次一到某个情景便会在第一时间想到做这件事情。例如，加多宝经过多年强化之后在社群情景触发上就很成功，有了"怕上火，喝加多宝"这句广告语的持续触发强化，很多人坐在红油火锅前想吃美食又担心上火时便会自然而然地想到加多宝。

6.5.3　设计参与行为

社群的目的是"聚集一群志同道合的人去做一件事情"，但是现在很多社群仅仅是每周安排一个人进群分享，认为这样就能够带动社群的氛围。这种做法其实并不是"聚集一群人做一件事情"，而是"一个人为一群人做一件事情"。如此，社群就偏离了自身发展的轨迹，越来越像一个"媒体"。

所以，社群在设计仪式时要设计相应的参与环节，不能让社群成员仅仅"静听细思"，而是要社群成员动起来去做一些事情，这些事情能够提升社群成员的参与感并强化仪式行为。例如，在仪式中加入互动打分、荣誉上榜、轮流坐庄等环节。

第 7 章

完美社群场景的现场与维度

　　活动要想俘获用户的芳心，就需要搭建完美的场景，不管用户是否身在活动现场，都能用真实的现场感和丰富的维度将活动原汁原味地呈现在用户眼前。也就是说，活动要想做到极致，必须在场景的细节构建上足够用心。只有做好了场景，活动才能获得用户的真心赞美。

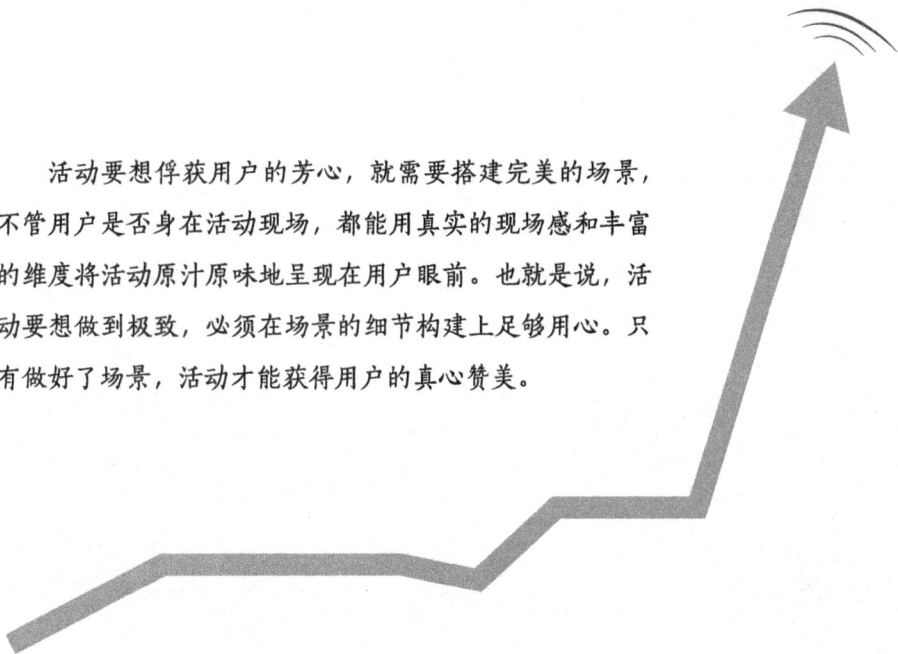

7.1　为活动引爆寻找优质入口

所谓入口，是指进入的地方，而场景入口就是用户进入场景的地方。企业要想做好场景营销，就必须在场景入口上做好文章。只有向用户提供优质的场景入口，才能使其在第一时间产生感受场景的意愿。

那么，企业可以从哪些入口引导用户进入活动场景呢？

7.1.1　生活入口，亲近用户

用户的某些需求只有在特定的场景下才会被激发，根据这些场景特点构建入口，也就能在第一时间吸引用户关注。对于用户而言，如何生活得更好始终是其关注的焦点。假如企业能够将生活作为场景入口，就能在心理上亲近用户，继而迅速将用户吸引到活动所营造的场景中去。

季风气候使香港少见晴天，阴雨不断，这让很多人头疼不已。在阴沉的天气里待久了，人的心情也会慢慢变得低落下来。宿务航空却从中看到了商机，决定抓住"下雨"这个场景吸引人们坐飞机到阳光明媚的地方旅游。于是，它为自身的营销推广活动打造了"雨代码"入口，即利用防水喷在大街上喷涂二维码广告。这种"雨代码"在平日是隐形的，但是一下雨就会显现出来。下雨天是不是太烦人了？快扫一下二维码，到菲律宾跟阳光玩游戏吧

（见图 7-1）！这样贴近生活的场景营销入口成功引起了人们的关注，很多正在阴雨天埋头走路的人都被其吸引，成了宿务航空的客户。

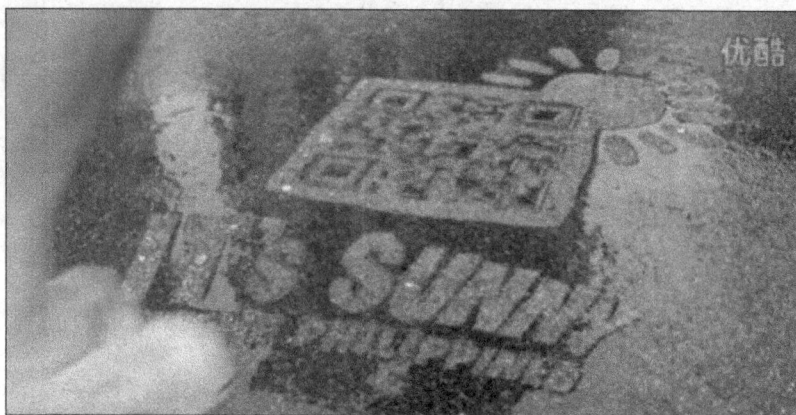

图 7-1　下雨天才会出现的"雨代码"

7.1.2　情感入口，拉近用户心灵

人很容易对感同身受的事情产生共鸣。基于此，活动在构建场景入口时，不妨打造某些特定的情感入口，借助情感的特有魅力引起用户关注，将用户吸引到活动中去。

2017 年情人节时，西贝莜面村推出了"亲嘴打折节"（见图 7-2）。活动当天，凡到店消费的顾客均可参加这项活动。西贝之所以将"亲嘴打折节"定在情人节，是因为情人节传达的"浪漫"信号与西贝品牌一直主张的"爱"文化不谋而合。

每年情人节时，很多情侣都会选择外出就餐，很多餐厅也会推出令人心动的优惠活动，还会特意为情侣们准备各种情侣套餐。然而，这些老生常谈的情人节营销手段已经因为缺乏新意而失去对消费者的吸引力。但是西贝的

"亲嘴打折节"形式新颖，在众多情人节活动中脱颖而出，给消费者留下了深刻的印象，也引起了媒体的广泛关注。

图 7-2 西贝 "亲嘴打折节" 宣传海报

7.1.3 艺术入口，诱惑用户关注

在很多人心目中，艺术总是散发着醇美的气息。不管是创意，还是色彩，都会带来美感，令人心中自然产生一种亲近感。当企业为自身产品场景营销搭建好艺术入口时，其散发出来的艺术气息自然就会让无数喜爱艺术的用户折腰。

维达纸业在很多营销活动中用纸巾做成裙子，穿在美女模特身上，和用户进行互动。漂亮的模特加上纸巾做成的长裙，营造出了一种浓郁的艺术气息，吸引了众多用户关注（见图 7-3）。

图 7-3 模特身穿用维达纸巾做的裙子

7.1.4 运动入口，活力的宣言

对于大多数用户而言，运动是生活中不可或缺的一部分，它意味着健康，也意味着获得活力和拥抱青春。所以，企业在进行场景营销时不妨搭建一个运动入口，借此积累人气。

在多人运动中，人们都习惯将水瓶放在一起。这样就出现了一个问题：人们往往很难找回自己喝过的那瓶水。针对这种情况，阿尔山矿泉水推出了环保手写瓶，在原有瓶贴的基础上增加了刮刮卡的特殊油墨涂层，这样人们便可以在上面留下自己的专属标志，从而很容易找到自己的水瓶（见图7-4）。阿尔山矿泉水也因为这个设计在喜爱运动的人群中关注度直线上升。人们沉浸在其构建的场景中，对阿尔山矿泉水的喜爱油然而生。

图 7-4　阿尔山手写瓶

7.2　听觉现场：营造身临其境的体验

　　听觉是人们接收外界信息的一个主要渠道。人们依靠听觉接收到信息后，在大脑中构建出对外界事物的认知轮廓，继而形成对某个人或物的印象并做出相应的决定。因此，企业在构建活动场景时要特别注重对听觉在场的营造，努力构建听觉氛围，让用户产生身临其境的愉悦体验。

　　华为开拓海外市场，不管是在原本就擅长的通信领域，还是现在的智能手机领域，都取得了骄人的业绩。在活动营销中，华为就非常重视场景构建，特别是场景中的听觉在场，其凭借一首《Dream It Possible》火遍了世界（见图 7-5）。YouTube、Twitter 等社交媒体评论称赞华为的活动宣传片是"很棒的艺术"，不仅有好的故事，还有好的音乐，让用户听到音乐后就感受到了华为的温情，身临其境的感觉让用户对华为更加信任。华为的这个活动场景宣传片火起来后，还引发了国外网友的模仿热潮。

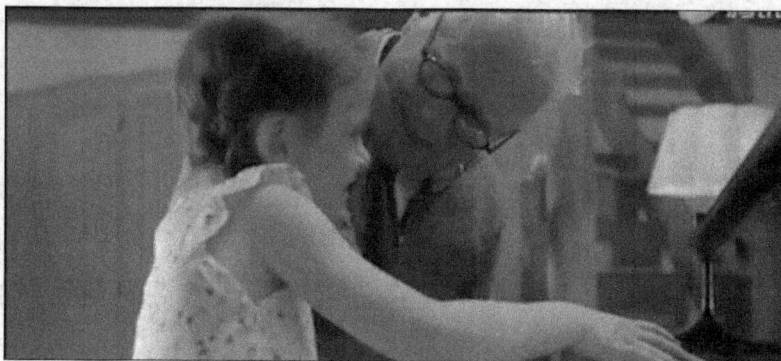

图 7-5　华为宣传片以听觉美感吸引大众关注

母婴用品帮宝适在活动营销中以一首母亲为孩子清唱的摇篮曲——《愿为你赴汤蹈火》，表达了母亲对孩子浓浓的关爱之情，形象生动地展示出母亲对孩子的呵护和期望，成功构建了温馨的具有强烈听觉在场的画面。同时，这首《愿为你赴汤蹈火》也让很多用户从中听出了更多的情感，感受到了家人对自己的无悔付出（见图 7-6）。如此一来，帮宝适品牌在用户群体中的好感度得到大幅提升。

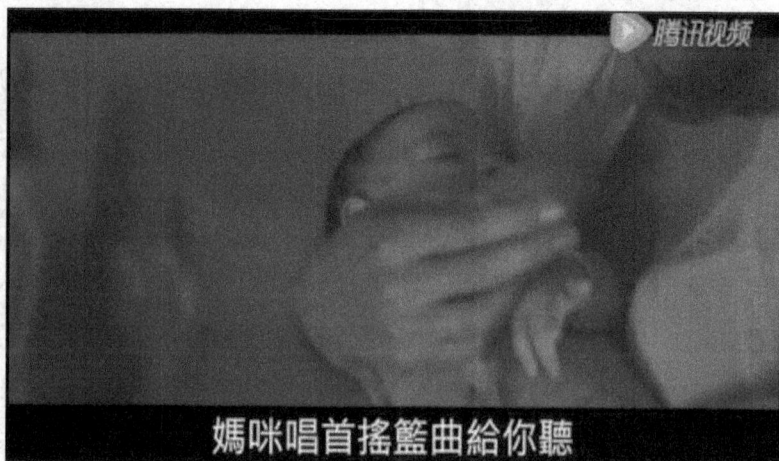

图 7-6　帮宝适《愿为你赴汤蹈火》截图

7.3 视觉现场：打造可视化进度标识

活动的场景构建除了要做好听觉在场之外，还要构建视觉在场，这一点也非常重要。在人的五感中，视觉占据着主导地位。活动营销如果能在视觉上打造出真实的现场感，其对用户的诱惑力就会变得更加强大，也更容易博得用户信任。

传统营销由于用户的不可见而导致其场景和现实场景是错位、不同步的，企业在营销费用上的投入就会相应增加，但最终取得的营销效果却不尽如人意。这也正是当前物流业、电商业非常发达的大背景下，实体店还是人流不断的重要原因之一。例如，用户购买一件风衣，除了性价比之外，他们还需要知道穿在身上的感受，看看它的风格，搭配何种裤子，等等。这些都需要用户在收集视觉信息之后才能得出答案。因此，企业活动场景营销要想成功引爆人气，提升自身产品的关注度，就必须做好视觉在场，为用户构建真实的现场感。而不考虑用户现实场景的活动是冰冷的，没有考虑用户当前场景的活动则是滞后、低效和不入人心的。

闲暇时间逛逛宜家是很多人的一项爱好，每次看到那些布置得优雅而舒适的卧室和客厅，很多人都会产生身临其境的感觉，心中会油然而生在自家摆上一套同样款式的家具的欲望。为了增加人们视觉在场的真实感，宜家在这些舒适漂亮的样板间旁边搭建了一个叙利亚难民的家。这个家只有 25 平方米，用泥渣砖垒砌而成，墙面凹凸不平（见图 7-7）。原来这是宜家联合红十字会共同发起的一项公益筹款活动，复制难民的生活场景正是为了让人们真实地了解难民的起居环境，通过强烈的视觉对比让人们对苦难感同身受，继而为改善叙利亚难民的生存现状贡献出自己的一份力量。

根据宜家统计，每周都会有 4 万人来到这间叙利亚难民小屋；整个活动期间，这间小屋为红十字会在叙利亚的工作筹集到了 2200 万欧元。

图 7-7　宜家叙利亚难民小屋内景

7.4　身体现场：实现零距离互动

很多企业在活动场景构建过程中很少提身体在场，因为它们认为很难将每位用户都请到现场来。其实对身体的理解是多方面的，除了生理组织之外，身体还可以是一种社会性的存在，它是一个行动系统，一种实践模式。假如以这种认知为基础，活动场景中的身体在场是完全可以实现的。

企业在构建活动场景的过程中，可以通过用户身体的实际嵌入来实现活动的场景呈现，让用户觉得自己就置身于活动的现场。这样用户就会忽视空间距离，觉得正在真实地参与互动。

耐克曾经在西班牙马德里开展过一场营销活动,其利用夜光投影为全球喜爱运动的年轻人创造了一个神奇的场地(见图 7-8)。人们可以通过 App 呼叫"耐克大巴",它会为大家带来激光投影足球场、球门等设施。人们甚至还能从中得到免费的耐克球鞋。如此一来,世界各地的年轻人都能够在夜光足球场内尽情地奔跑,对耐克品牌的热爱程度自然也就大大提升了。

图 7-8 耐克夜光运动场

7.5 时间维度:碎片化时代的"聚"活动

移动互联网时代,人们每天的时间越来越碎片化。要想保证活动的效果,企业在策划时就必须从时间场景构建上去把握,有针对性地开展"聚"营销,以便最大限度地提升活动在用户眼中的曝光率。

7.5.1 聚集人群，专注小而美

"物以类聚，人以群分"，"碎"和"聚"本就是一种辩证的存在。针对用户时间的碎片化特点，企业在活动场景构建中可缩小营销人群，专注"小而美"，针对某个群体做精、做深。这样就能够最大限度地放大用户群体的时间，让活动创意发挥出更大的效果。

图 7-9　江小白专注年轻人群

和许多白酒品牌老少通吃的特点不同，江小白将其活动营销的目标人群锁定为年轻人。这种"小而美"的目标人群定位让江小白能够更加精准地构建活动场景，充分利用用户的碎片化时间。其针对年轻人群体开展的如亲

情、爱情、友情、青春、奋斗等主题的活动场景构建，因为针对性强而深受年轻人的喜爱，也因为成功利用了年轻人的碎片化时间而在年轻人群体中树立了良好的口碑（见图 7-9）。

7.5.2 完善细节，优化活动体验

活动推广的不仅仅是产品本身，更是对用户问题的解决方案。企业要想紧紧抓住用户的碎片化时间，将用户拉入自身构建的场景中来，就必须为用户提供愉悦、舒心、便利的活动体验。

图 7-10　汤臣倍健推出"我的军训回忆"活动

国内膳食营养剂生产商汤臣倍健在设计活动场景时就非常注重完善细节，优化活动体验。大多数人都有过军训经历，汤臣倍健抓住用户的这种经历，在其微信旗舰店推出"我的军训回忆"活动，在活动中营造了共同回忆昔日军训画面的场景（见图 7-10），从而提升了自身品牌的亲和力，让用户对其产品更信任、更满意。

7.6　空间维度：连接打破空间限制

企业要想做好活动的场景营销，除了要紧抓用户的碎片化时间进行"聚"营销之外，还需要拉近自身活动和用户之间的距离，让用户既能看得到、想得到，又能体验得到、抓得到。这样才能最大限度地缩小活动场景与用户心灵之间的距离，甚至成为用户身边的工厂或商店。

2016 年"双 11"，滴滴和天猫联合推出了"移动超市"（见图 7-11）。滴滴在北京和上海分别投入了 1111 辆"天猫双 11 快车"，用户在使用滴滴 App 打车时，假如打到了这些车，就可以在车上扫描二维码免费领取价值 200 元的天猫超市大礼包。考虑到很多人在早晚高峰期打车时还来不及吃饭，大礼包就主要提供牛奶、饼干等零食，可见这些大礼包非常具有人性化。

和普通的网购不同，在滴滴快车联合天猫举办的这次活动中，用户下单后可以直接从汽车后备箱将货物提走，不必再等着快递送货上门。这样就彻底消除了企业和用户之间的空间距离，用户既享受了网购的高性价比，又体验了实体店内一手交钱一手交货的买卖场景。在这个场景中，滴滴扮演的线下载体和线上的天猫也实现了无缝对接，从而成功地打破了空间的限制，在用户群体中制造了"爆点"，实现了双赢。

图 7-11　滴滴快车联合天猫推出"移动超市"

第 8 章

社群是活动效果的放大器

很多人聚合在一起，会持续不断地产生各种各样的活动。从这个意义上说，社群是一个天然的活动策源地。企业要想做好活动运营，就要重视社群。

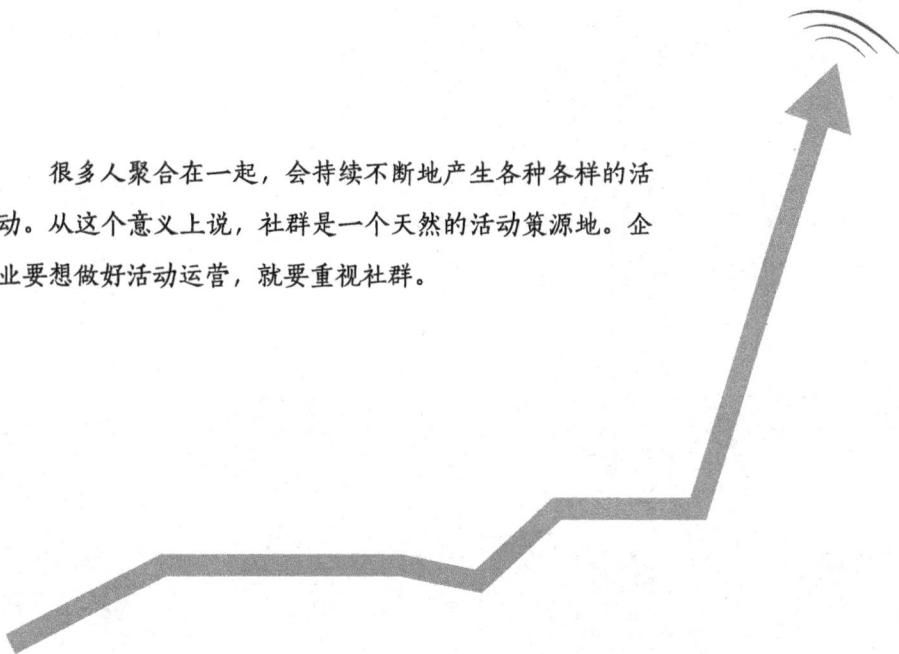

8.1 门槛化：确保成员质量，提升活动效果

社群要想保持足够的活跃度和良好的发展潜力，就必须对社群成员进行筛选。假如社群为了扩大规模，随意吸收成员，便会破坏自身的整体价值。更严重的是，原本社群中比较活跃的一些高质量成员就有可能退出社群。那么，社群可以通过哪些方法设置门槛，对社群成员进行筛选呢？

8.1.1 付费制入群

罗振宇曾说："爱，就是供养；不爱，就是观望。"因此，社群可以根据自身的发展定位和价值取向，设置一定的付费标准作为筛选成员的门槛，以此保证成员的总体质量。而对于社群而言，愿意付费入群的人一定是认可社群定位、内容和文化的人。这些人加入社群之后，因为付出了金钱上的代价，就会珍惜社群提供的互动机会。

8.1.2 邀请制入群

假如社群由于自身定位或产品特点不便实行付费制，那么社群也可以实行邀请制，即由现有的社群成员邀请推荐新成员入群。邀请制主要有两个优点：第一，由于推荐人对新成员比较了解，所以新成员一般都符合社群的定位，认同社群的文化及价值观，能够大大节约筛选成本；第二，新成员加入

社群之后，因有推荐人这座"桥梁"，能够很快地融入社群生活中，对社群的黏性和忠诚度也会比较大。

8.1.3　任务制入群

任务制入群就是想加入社群的人必须要完成一项或多项任务才能加入社群。社群也可以通过发布任务来测试准成员对社群的认可度和忠诚度，以此作为入群的门槛。例如，社群可以规定想入群的人必须将社群的宣传软文分享到朋友圈或转发给 10 位以上的好友，完成这个任务的人才会被接纳入群。

8.1.4　阶梯制入群

在设置入群门槛时，社群还可以考虑采用阶梯制，即由初级社群到高级社群，入群难度依次递增。任何人都可以加入初级社群，但是要想进一步成为中级社群成员，就需要做出相应的贡献，满足一定的条件或完成某项任务。而中级社群成员要想成为高级社群成员，则需要进一步具备某些能力和资源等。这样就使整个社群呈现出金字塔架构（见图 8-1），可以高效地对成员进行筛选，也方便管理和激发成员的潜力。

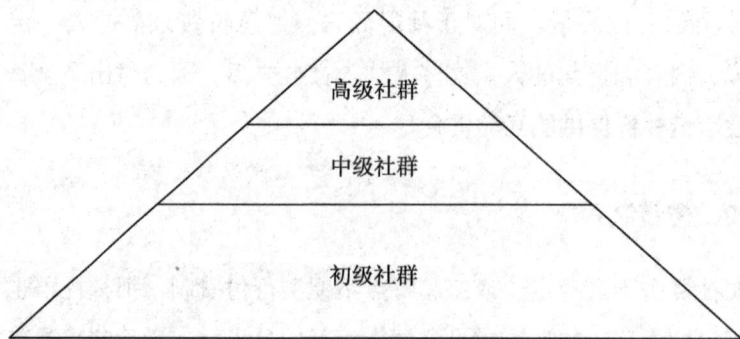

图 8-1　社群的金字塔架构

8.1.5　其他门槛

为社群设置的门槛可以不是"一道"，而是以上几种门槛的组合，社群管理者可以根据社群的具体定位和需求设定门槛。大熊会是国内首屈一指的自媒体社群，其为了保证成员质量，就设定了非常有效的筛选门槛。大熊会很少直接招募社群成员，个人要想加入就必须有其他成员推荐，并且需要支付一定的费用。而级别更高的"大熊名人堂"的成员则主要为行业知名人士，这些人往往能够带来独家的业界新闻，可以组织各类活动。这种严格的入群门槛设定让大熊会的社群结构非常合理，里面不存在任何广告党、灌水党，成员之间互动频繁，气氛活跃，社群文化积极健康。

8.2　品牌化：持续精细化运营形成社群品牌

社群要想保持活力，就需要在品牌化上做得更好，走得更远。因为社群一旦树立起自己的品牌，让活动在成员中形成口碑，自身的吸引力就会明显得到强化，对成员的吸引力也会更加强大，其举办的系列活动自然也就能获得更多的响应。那么，社群如何走上品牌化之路，并且越走越远呢？

8.2.1　打造绝对的信任感

社群要想树立自己的品牌形象，一个最重要的前提就是获得成员的绝对信任。因为任何品牌都是建立在用户信任的基础之上，缺少用户信任的品牌就犹如没有地基的楼阁会在风雨中轰然倒塌。所以，社群品牌化的关键是树立自身信誉。信誉是社群品牌化的根基，社群在制定规则、规划活动时必须要注意这一点，哪怕是成员的一点小小的疑问都要尽全力解答。社群可以强化产品和服务，通过提升成员的满意度来提升自身在成员心中的信誉。

8.2.2 简单化

社群的品牌化之路不能太复杂，要让成员不用过多思考就能理解。社群品牌的简单化可以体现在两个方面。第一，社群规则要简单易懂，不能过于繁琐。例如，社群所举办的活动要简单、易操作，让成员一听就明白，一操作就上手。第二，社群的语言要轻松，气氛要活跃，让成员感觉到自由，体验到舒适。

8.2.3 价值出乎意料

社群品牌化的一个重要表现是能够为成员提供出乎意料的价值，简而言之就是有增值服务。

所谓增值服务，就是人们常说的福利。很多人都玩过发红包的游戏，红包其实就是一种福利，同样也是一种增值服务。但是，这种增值服务只能归属于初级水平，并没有明显的差异化特征。假如社群经常搞一些初级的增值服务，很可能会产生一些负面效应。因此，社群要重视开发一些有高附加值的增值服务以强化自身的品牌形象，如免费培训、产品升级、线下聚会、经验交流、免费赠送等。

秋叶 PPT 对爱学习的社群成员提供了两个福利：第一，群里有编号 LS 开头的人负责解答成员的问题，成员如果有问题，可以通过 QQ 小窗来询问，从而形成一对一的辅导；第二，每周五安排话题分享，鼓励大家分享自己的学习心得。除此之外，秋叶 PPT 还会定期向社群成员通报一些干货，如京东有赠书券活动。

8.2.4 专业化

企业要想创造出响当当的品牌，就必须有过硬的产品，用工匠精神不断地打磨，使其变得专业、精致、可靠。做社群品牌也是这个道理，社群只有对成员有用，才能获得成员的认可。时间久了，社群在成员心中自然也就有了重要的地位和公信力，品牌也就随之树立起来。

"迎春心理"社群除了每天面向成员普及心理学知识以外，还会针对成员所面对的具体心理问题进行解答，提供详细的应对技巧。例如，针对一位成员"和孩子一起背诵"所存在的心理问题，群主迎春就给予了非常专业的分析，一针见血地指出了其心理问题的症结所在——没有稳住。父母稳住了，孩子自然就稳住了。孩子不好好背诵，家长先稳不住了，发脾气，那么孩子自然也着急起来。正是这种专业心理知识的普及，让"迎春心理"社群的成员变得更加活跃，对社群也更信任。

8.3 需求化：抓住需求，彻底根除用户"痛点"

运营社群，首先就是要抓住种子用户的刚需，解决种子用户的"痛点"。做到了这一点，社群才能真正走进种子用户的内心，推动种子用户进行裂变，促使其积极主动地与周围的人分享社群信息。然而，很多社群尽管投入了大量的资源，但最后还是以失败告终。最主要的一个原因就是抓不住用户的真需求，将投入的资源都浪费在了满足用户的伪需求上。

8.3.1 调研市场，找到用户的需求痛点

用户需求决定了市场风向。社群抓住了用户最迫切的需求，就意味着摸准了用户的脉搏，抢占了市场先机。那么，社群如何找到用户的需求痛点呢？其实方法很简单，社群在制定活动计划之前必须要调研市场，深入到用

户群体中进行详细考察，通过问卷、面对面访谈、近距离观察等形式，总结出用户群体的需求痛点。

崔浩有了在餐饮行业创业的想法后首先建立了一个微信群，将身边亲友邀请进了群里，然后再动员亲朋好友邀请更多人。当微信群形成规模之后，崔浩便立即调研市场。有一次，他在群里对大家的餐饮需求进行调查时，发现很多年轻人都反映这样一个问题：凌晨零点之后很难叫到外卖。于是，崔浩敏锐地意识到这里面可能包含着某种商机。通过深入的调查了解，崔浩发现很多年轻人喜欢整夜都泡在网吧里玩游戏，到了深夜自然就饿，但是这个城市却很少有凌晨送外卖的商家，所以他们只能吃方便面。

找到这个需求痛点，崔浩便立即开了一家小饭店，主营外卖业务，实行24小时营业制，保证全天任何时段都能快速地将饭菜送到客户手中。小饭店开张后，崔浩在微信群中进行业务宣传（见图 8-2），立刻引起了群里年轻人的注意。仅仅几天时间，其外卖业务便产生爆发式增长，获得了巨大的成功。

图 8-2　崔浩在微信群中展示外卖产品

8.3.2　没有痛点也要挖掘痛点

很多时候，用户的需求痛点并不会显露出来让人一眼就能发现，很多社群会迷茫、沮丧地认为自身并没有什么需求痛点可以挖掘和利用。其实不然，很多时候看似没有痛点，但只要进行深入挖掘，就会找到潜藏在用户心中的内在痛点，这种潜藏痛点的解决往往会带来更大的商机。

在美图秀秀出现之前，市场上大多数图像处理软件都专注于提高处理图像的性能。在这样的背景下，用户使用图像处理软件时潜藏的痛点是什么呢？我们稍微思考一下就会发现，这个痛点不是软件的性能，而是操作的易用性。美图秀秀正是抓住这个痛点，专注于提升自身的易用性，最终取得了成功。

小米路由器之所以成为用户青睐的产品，就是因为找到了用户心中潜藏的痛点。传统路由器用起来比较复杂，而且密码设置繁琐，让用户觉得自己都变笨了。小米路由器的设计人员通过调查发现，用户对路由器的要求就是上网快、安全。这个要求对于大部分路由器来说都能解决，算不上什么痛点。设计人员在此基础上进行深挖，发现人们搜索的和路由器相关的问题中以"如何设置路由器"的问题最多，于是发现了"用户普遍不会设置路由器"这个痛点。小米路由器针对这个痛点设计的"傻瓜型"操作方式极大地简化了用户的设置步骤，提升了用户的体验满意度。

8.4　线下化：在面对面的接触过程中走进用户内心

众所周知，活动能够吸引人们的关注，激发人们的参与感，提高人们对主办方的认同感。基于此，做好社群活动，就能在很大程度上提升社群活跃度。

社群活动可以分为线上和线下两部分。从线上的角度看，品牌社群更多是以线上分享为主，辅助发红包、开放社区自主组织线下活动的权限。邀请一些可以作为分享嘉宾的朋友在群内和成员互动，最后将书面材料分发给成员。然而，线上活动毕竟是虚拟的，往往会给成员一种不现实的感觉。次数多了，其吸引力就会下降，社群活跃度也会降低。而相对于线上活动，线下活动则可以将线上虚拟的弱关系转变为现实的强关系，能够为成员创造面对面交流的机会，因而刺激性更强，愉悦指数更高，参与感更强烈，对活跃社群气氛更有效果。更重要的是，线下活动形式多样，并不会因为时间的沉淀而降低自身在成员心目中的重要性。因此，社群可以通过形式丰富的线下互动来不断提升自身的活力。

8.4.1 精致化

社群线下活动的主要目的是为成员创造面对面交流的机会，让成员能够敞开心扉，释放自己。这就需要社群的线下活动区别于一般活动，做出自身的个性，用精致化的内容和形式吸引人们参与，最终达到带动气氛、强化社群成员之间联系的作用。

为了将活动做好、做精，社群不妨从提升活动的形式和内涵入手，为活动植入新意和趣味性，让社群成员能够在活动中收获某种价值。例如，"疯蜜"推出的"疯蜜自由日"活动，主旨就是"没有妈妈、妻子、老板等角色，一段只属于自己的自由日"，或在邮轮和太平洋上演互联网版的海天盛筵，或去巴黎时装周体验绚丽的时装世界……这一活动就充分地释放了女性对自由的追求，将浪漫进行极致化演绎，在社群中引起了轰动（见图 8-3）。

图 8-3　"疯蜜"精致化的线下活动

8.4.2　情感化

活动除了要有形式、有内涵，还需要有情感，能够让人在精神上收获某种价值。当活动在情感上具备一定的感染力时，其对成员就会更有吸引力，甚至具备某种象征意义。那么，社群如何让自身的活动具有情感色彩呢？

（1）聚焦慈善

社群可以组织成员做一些具有慈善性质的活动，如关注留守儿童、为某些因病致贫的家庭举办众筹聚会等。这些活动因为关注的是弱势群体，符合社会主流价值观，在情感上能够引发共鸣，调动社群成员参与的积极性。

（2）打造成员的节日

社群要想充分激发成员的情感需求，一个最有效的方法就是以成员为核心举办活动，打造成员的节日。这样成员就有了更强的归属感，对社群的认同也会变得更加强烈。例如，社群可以举办一些"成员节""粉丝节"之类的活动，也可以为成员举办生日聚会等。

（3）渲染情怀

社群的线下活动还可以围绕某种情怀来策划，如青春无敌、畅想更高端的生活等。这类活动往往能够为成员带来情感上的怀念或对未来生活的畅想，让成员在精神上更愉悦。

8.4.3　属地化和城市化

虽然"互联网＋社群"的形式克服时间和空间的限制，使社群获得了更强的成员吸附力，但是相对于传统社群仍显"虚化"。因此，线下活动也是必不可少的。然而，为了控制成本、简化流程，社群在举办线下活动时要坚持属地化和城市化的原则，尽量将相同地域的成员凝聚在一起。

例如，社群可以在同一城市发起建立官方的 QQ 群或微信群，将同城的成员聚合在一起。当然，这种聚合不是无规则的，社群需要制定相应的规则，让成员推选出"班长"和"班委"，授权他们负责组织所在城市的线下活动。

8.5 娱乐化：用优质、有趣的内容推动用户分享

社群要想获得长久的生命力，就要改变原有的内容风格，和成员进行互动，了解并满足他们的真实需求，以获得他们的认可和信任。而社群和成员进行互动沟通的最好途径，就是用亲和、娱乐的方式渲染愉悦气氛。

8.5.1 社群娱乐化从"吐槽"开始

"80 后""90 后"甚至"00 后"都是伴随着互联网成长的"网生代"，他们喜欢看电视、上网，喜欢视频聊天和玩游戏，经常在网络聊天室和其他具有同样兴趣的人讨论某场比赛的赛况，在微信群里讨论综艺节目，在朋友圈和微博上分享春晚、世界杯。某些娱乐节目、影视作品、公众人物、市场预期等一旦满足不了大众的期待，"吐槽"便会铺天盖地而来。随着互联网的快速发展，"吐槽"已经从一种个人的情绪宣泄演化为一种全民娱乐的表达方式，成为了一种网络文化。

在这种背景下，社群的内容娱乐化不妨针对社群成员关注的问题进行"吐槽"，以此激发大家的参与感，营造活跃的氛围。社群可以从以下几个方面组织内容，进行"吐槽"。

首先，"吐槽"社会现象。所谓社会现象，可以是一些看似正常但仔细思考后却发现不正常之处的工作或经济现象、惯例等，也可以是当前社会热点事件背后的一些习俗或畸形心态。当社群将内容聚焦在这些方面时，"吐槽"就带有明显的娱乐化倾向。

其次，"吐槽"生活百态。所谓生活百态，可以是生活中的一个事件，

也可以是情感上的一次遭遇、顿悟。这些内容因为贴近社群成员的生活，往往能够引起大家的共鸣。

8.5.2　内容娱乐化要从"心"开始

很多社群为了娱乐，在内容上倾向于庸俗化，虽然能够暂时博人一笑，但是从长远的发展上看，却将社群引入了歧途。而"心"的娱乐才是真正的娱乐，也是社群成员普遍乐于接受的娱乐。从这个意义上说，社群的内容娱乐化要从"心"开始，创造体验性的快乐感受，为成员带来发自内心的真正的愉悦感。

娱乐是一种花样不断翻新的生活方式或审美需求，社群内容要想愉悦心灵，就需要不断追求娱乐方式的创新。对于社群成员而言，新颖的内容是娱乐力量的源泉，也是吸引社群成员注意力的关键。具体地说，社群可以从四个方面入手尝试创新。

（1）还原娱乐化生活

社群内容娱乐化本质上就是对生活娱乐化的还原。在还原生活娱乐化时，社群一定要找到其所承载的核心价值或精神内核，不然很容易将生活娱乐庸俗化。

（2）创造体验性情感

社群内容要想营造出愉悦感，就必须能让成员产生同喜同悲的体验性情感。社群运营者必须清楚的是娱乐化的内容并不一定要人发笑，它也可以让人流泪，二者都是娱乐氛围下的情感满足。例如，江小白在社群营销中就善于创造体验式的情感满足，它在愚人节发布的名为《愚人节，当心你身边这些"骗子"》的文章里便用富有情感的段子直击人们内心最柔软的部分，从而最大限度地满足了人们的情感需求（见图8-4）。

图8-4 江小白创造体验性情感

（3）实现情景化错位

人有自然和社会两种属性。在社会属性面前，个人往往会变得很矜持，从而掩盖真实的本性。社群情景化错位就是强化自然属性，让人的本性自然地流露出来。例如，MIUI社群发表的名为《跟一部手机谈恋爱是什么感受？》的文章就实现了情景化错位，通过和手机谈恋爱成功强化了人的自然属性，带给成员的是精神愉悦（见图8-5）。

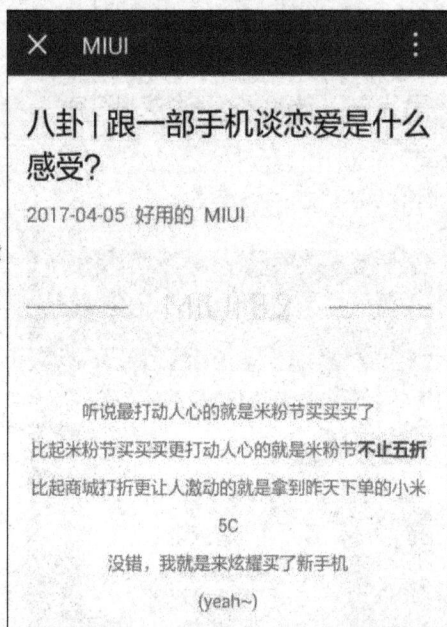

图 8-5 MIUI 实现情景化错位

（4）瞬间创造价值

尽管谁都知道结果并不重要，但是瞬间产生的价值目标仍会深深吸引社群成员从关注结果转向关注过程，而过程恰恰是娱乐化表现的空间。就像足球比赛，重要的是结果影响下的过程欣赏。

8.6 战术化：用正确的战术实现最大的目标

利用社群放大活动效果，除了需要做好活动本身的各个环节之外，还可以通过一些战术进行优化借力，从而最大限度地提升活动的吸引力和影响力。社群活动运营的战术比较多，效果比较好的主要有两个——讲故事和借东风。

8.6.1 讲个故事吸一圈粉

人人都爱听故事，不仅仅是儿童，成年人也是如此。当社群活动运营融入了故事元素后，其本身就有了丰富的可读性和别样的文化韵味。有故事的社群活动更容易让用户产生亲近感和信任，从而实现用户由"爱故事"到"爱社群""爱企业"的转变。

（1）简单才有魅力

讲故事战术的主要目的在于利用故事的趣味性吸引用户，但并不是故事越长就越有吸引力。很多时候，一个简单的故事只要情节上有魅力，就可能具有较大的吸引力。相反，长篇累牍的故事往往会让人失去继续阅读的兴趣，不仅达不到最初设定的营销目的，而且会造成某种负面效果，弱化社群活动的营销作用。

（2）真实才更动人

在社群中讲述的故事要想最大限度地吸引用户关注，提升人气，首先必须是真实的。因为真实的故事源自真实的生活，能够最大限度地引发人们产生共鸣，充分调动人们的情感。社群可以讲述一些用户身上发生过的趣味故事，例如，可以邀请社群中一位小有名气的商业用户讲述自己的创业故事。这些和社群用户息息相关的真实故事接地气，用户爱听，能够极大地提升社群的活跃度，快速地聚集人气。

8.6.2 借别人的"东风"

这种战术的主要目的在于借助别人的力量来提升自身的人气和影响力。社群可以借助一系列社会热点事件来聚集人气，提升自身活动的曝光度，获得更多潜在用户的关注。

　　所选择的社会事件必须重要，和社群自身定位及活动目的有某种程度的关联。要想借助社会事件提升社群活动的知名度，社群在选取事件时就必须有所侧重。一般而言，事件越重要，越为人所知，就越具有利用的价值。那么，怎样判断事件内容重要与否呢？具体标准主要看该事件对社会的影响程度，其影响到的人越多，造成的社会冲击力越大，就越重要。另外，所选取的事件还必须和社群定位及要进行的活动有关联，这样才能最大限度地借到"东风"，吸引更多用户关注。

　　同时，社群要想借助事件来提升影响力，还应注意不能生搬硬套。生硬地和事件"拉关系"，不仅不会提升自身的知名度，反而可能会产生画蛇添足的效果，让用户觉得不自然，甚至心生厌恶。也就是说，社群需要用创意将自身和发生的大事件捆绑在一起，让用户觉得自然不做作，这样才能顺利地搭上大事件的快车，提升自身的知名度。

第 9 章

借助移动端提升活动的生命力

移动互联网技术的迅猛发展正在造就越来越多的"低头族"。不管走到哪里，我们都能看到低头玩手机的人，他们或浏览信息，或玩游戏，或和亲朋好友实时互动……总之，人们的时间越来越多地消耗在移动端上，生活和工作越来越离不了移动端。这就意味着，企业活动必须要进军移动端，尽可能多地占领移动端阵地。这样活动才更有影响力，其生命力才会更持久。

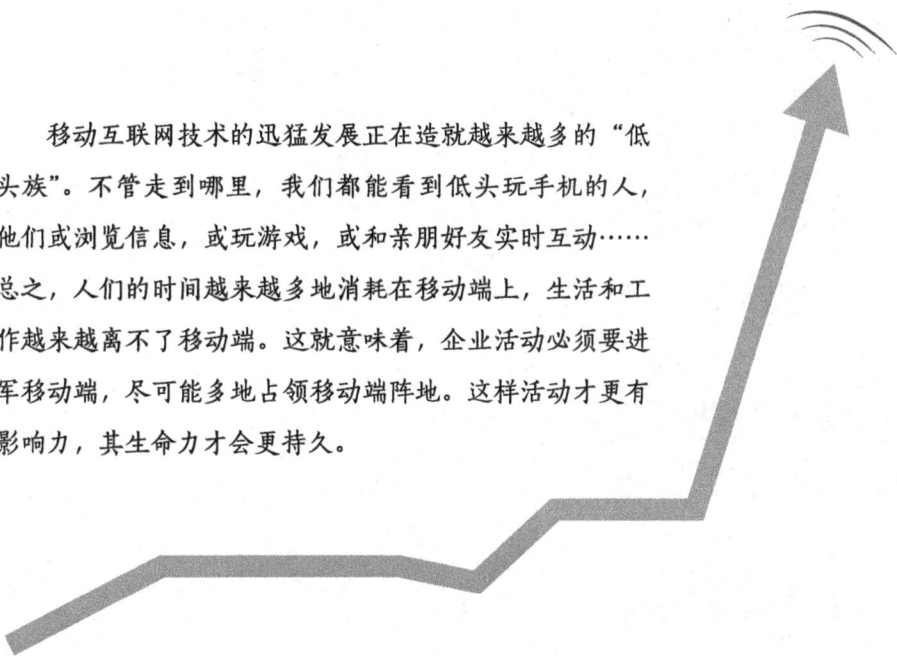

9.1 将活动搬到用户的手掌上

如今，人们享受到移动互联网高速发展所带来的便利，已经不再埋头于电脑桌前，而是随时随地接入互联网。在公交站台、餐厅、公园甚至卫生间，只要有移动信号覆盖的地方，人们就可以拿出手机看自己想看的信息，购买自己想要的产品。

9.1.1 占领移动端就等于获得用户的碎片化时间资源

移动互联网在很大程度上拉近了人们之间的距离，将山川、河流、海洋的地理差异全部磨平。同时，移动互联网也将人们的时间碎片化了。很多人发现自己变得越来越没有耐心，看书时翻几页就会丢在一边，看电视时总是一次次按下换台键，看电影时习惯按快进键……与此相对应的是，人们总是情不自禁地拿起手机或抱着平板电脑，刷刷朋友圈，看看新闻资讯，玩玩游戏……就这样，时间悄无声息地溜走了。这种变化正是移动互联网时代带给人们的碎片化生活体验（见图 9-1）。

腾讯发布的一份针对中国网民的网络使用报道显示：现阶段，中国网民中有 73% 左右的人会在等人时使用手机上网，有大约 68% 的人会在公交车或地铁上使用手机上网，有 57% 的人会在晚上睡觉前通过移动端接入互联网冲浪。从这些数据可以看出，原本作为 PC 端补充的移动设备，如手机和平板电脑，随着移动互联网的快速发展及人们碎片化时间的增多，已经超越了 PC 端，成为人们接入互联网的首选。由此可见，移动互联网已经成为人们工作和生活中不可或缺的一部分，使用移动互联网已经成为人们的一种生存习惯，活动运营要想取得最大效果就必须占领移动端。

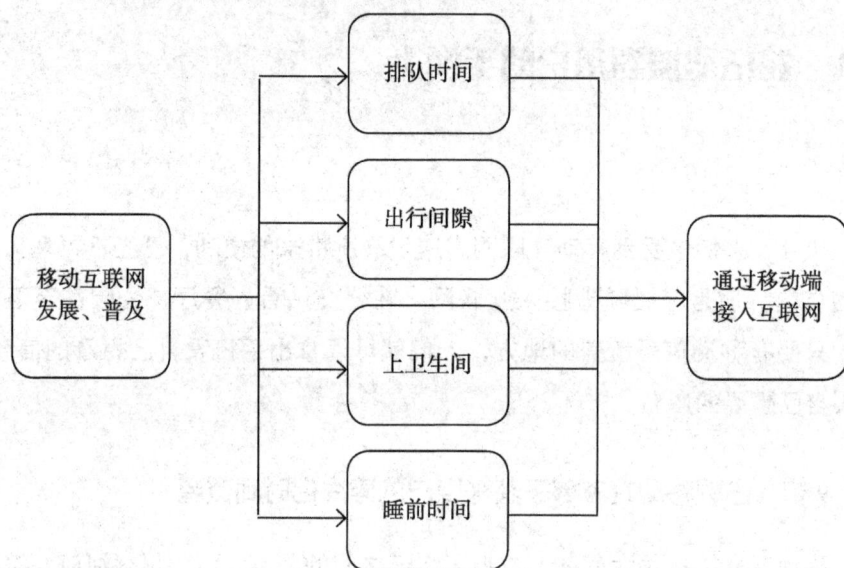

图 9-1 移动端和用户的碎片化时间

9.1.2 活动要占领移动端四大入口

所谓移动端入口，是指用户在移动端接入互联网的门户。活动主办方找准了入口，就能成功登录用户的移动端，及时出现在用户眼前（见图 9-2）。

（1）应用商店

调查显示，大约 60% 的人倾向于在第三方应用商店下载应用或游戏。应用商店作为移动互联网的入口效应愈加明显，成为用户在智能终端获取资源的第一站。因此，企业要想占领移动端，应该先占领应用商店。特别是随着用户下载需求的不断提高，各个应用商店也在不断整合资源，丰富和完善自身功能。在这种情况下，将活动和应用商店进行捆绑，在用户下载的同时投放活动，企业的活动运营自然也就迅速地进入用户的视野。

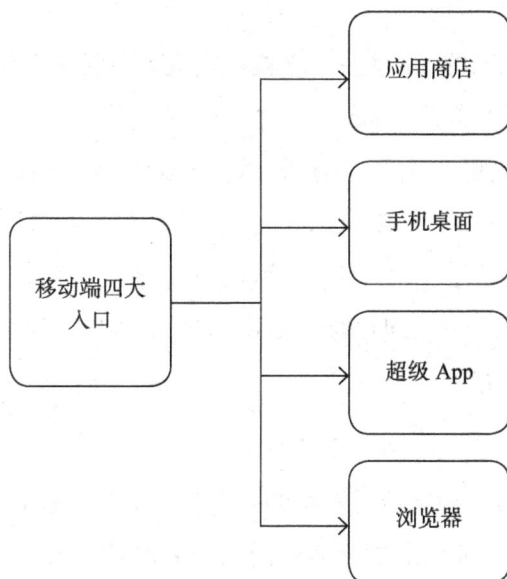

图 9-2　移动端四大入口

（2）手机桌面

移动互联网时代，手机成了智能终端的主流装备，而第三方的手机桌面则成了距离用户最近的平台。对于用户而言，手机平台是一种刚需。不管使用什么品牌的手机，开机之后首先看到的一定是桌面，而安卓系统的开放性则让手机桌面定制功能更加强大。目前市场上的第三方应用软件更加专注用户体验，娱乐功能不断增强，个性定制服务也更为丰富。例如，口碑较好的360 安全桌面（手机版）不仅 UI 体验性能出众，没有任何广告推送，还推出贴心的"手机抢火车票""魔法手指"等个性功能。通过不断整合 App 安装、卸载，监测隐私、安全、流量分析等得到强大的数据支持，对用户行为获得更全面、立体的认知，从而能够精准地把握用户需求，赢得用户青睐。这类优质的第三方手机桌面在众多入口中也是发展潜力和市场前景最大的，企业可以和手机桌面运营商进行深度合作，将活动搬到用户的手机桌面上。

（3）超级 App

随着移动互联网的飞速发展，各类应用数量出现井喷态势。但绝大多数用户却总是集中于少数几个 App，这些 App 成为用户接入互联网的首选，也成为智能终端上的超级 App。调查显示，智能手机上经常使用的 App 一般不会超过 15 个，其中只有几个 App 拥有数量超过千万的用户。例如，微信就是当前移动端超级 App，无论用户数还是活跃度都名列前茅。对于企业而言，基于这种超级 App 所拥有的庞大用户基数和人气，利用其进行活动运营的效果自然也就更好。

（4）浏览器

对于用户而言，浏览器是手机的一种低层应用，也是一种最基本的入网端口。PC 时代，人们通常会通过浏览器上网看新闻、读小说、看电影、聊天和玩游戏，很多用户养成了通过浏览器上网冲浪的习惯。再加上手机浏览器越来越便捷、快速，自身性能越来越好，用户使用手机浏览器的频率也越来越大。据统计，智能手机用户中平均每天使用手机浏览器的次数为 2.5 次。例如，UC、360、欧鹏等浏览器因为功能丰富、性能出众，已经成为很多手机的标配。活动主办方可以用这些浏览器为平台聚集人气和流量。

除了上述四种移动端入口，二维码及可穿戴设备也能够成为用户接入互联网的入口。随着移动互联网技术和智能终端设备的不断发展，未来移动互联网入口的形式将会越来越丰富。企业要想将活动做到用户的手掌上，就需要紧跟移动端技术发展趋势，把握用户爱好，选对移动端入口平台。

9.2 用微信小程序进行特定用户活动营销

微信作为当前用户最多、流量最大的社交平台，其朋友圈和公众号已经成为活动运营的必争之地。2017 年 1 月 9 日，微信又推出了小程序，为活动运营开辟了一个新战场。正如"微信之父"张小龙介绍的那样："小程序是一种不需要下载、安装即可使用的应用，它实现了触手可及的梦想"，用户扫一扫或搜一下就能打开应用，也实现了用完即走的理念。由此可见，微信小程序具备四大特性：无须安装、触手可及、用完即走、无需卸载。这些特点让微信小程序具有更灵活的应用组织形态，也更适合企业进行活动运营，因此被称为"移动互联的下一站"。

9.2.1 小程序颠覆整个网络应用

微信之所以推出小程序，主要的目的是颠覆整个网络应用的存在方式。不管是网站、App 还是实体商店，都可以变成微信里的一个小程序（见图 9-3）。用户有小程序便不用登录商店下载 App 了，走在大街上，看到一家环境好的餐厅，掏出手机用微信扫一扫贴在门口的二维码便能启动餐厅的小程序，可以看到餐厅的菜单、包间情况及其他用户的评分，还可以定位、订餐。也就是说，用户可以通过小程序和这个实体世界进行最便捷的互动。在不久的将来，用户可以通过小程序做一切想做的事情。由此可见，企业只要抓住了微信小程序，将活动变身小程序，就能轻松抓住数量庞大的用户群体。

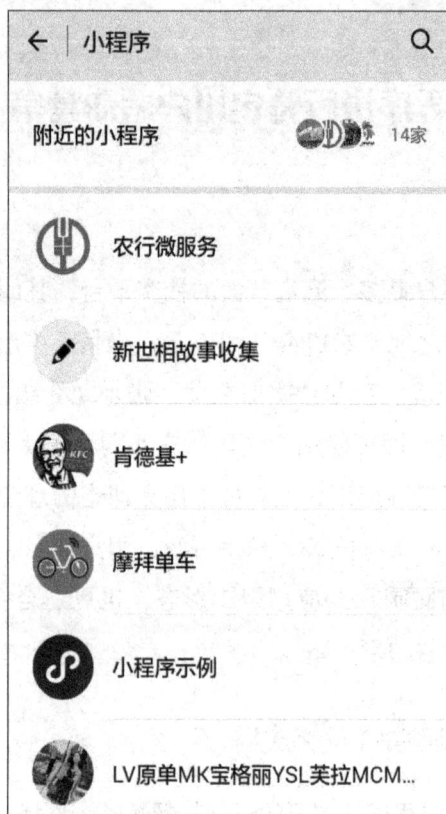

图 9-3　微信小程序

9.2.2　小程序可实现特定用户营销

　　微信小程序可以定位用户位置，通过打开次数、访问次数、访问人数、新访问人数、分享次数、分享人数等后台数据分析用户习惯，对用户进行画像。另外，利用 UnionID 和 OpenID，企业能够顺利地为用户提供更加个性化的服务。在每个活动场景中，用户都能够使用小程序功能，企业利用 UnionID 可以对用户的身份进行统一标识，做到针对单个用户的一致性和个性化服务。

第 9 章

借助移动端提升活动的生命力

　　一年一度的高考刚刚结束，新世相便立即联手一加手机在小程序上推出了"如果高考可以重来"活动。2017 年 6 月 10 日，在北京的一所学校布置好考场，如果你想来，就可以在"新世相故事收集"小程序上进行报名（见图 9-4）。小程序通过用户填写的姓名、职业等真实信息及 OpenID 识别出用户的使用频次，并根据其历史浏览习惯自动生成相应的可参与活动清单，推荐符合其喜好的活动。当用户完成报名后，新世相根据 UnionID 发现用户曾经参与的其他小程序的活动信息，可以自动提供类似活动的举办时间和地点。

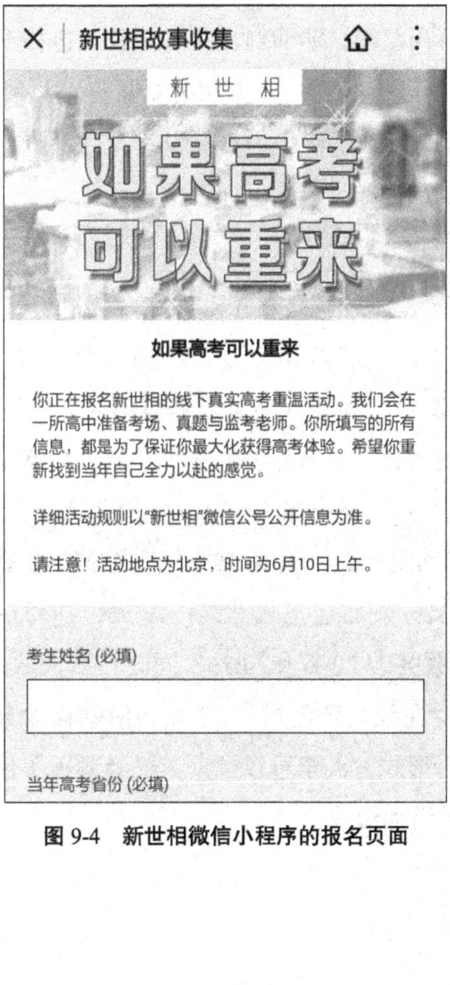

图 9-4　新世相微信小程序的报名页面

9.3 利用直播平台引爆活动流量

企业在移动端做活动，要想获得最大流量，直播平台是绝对不能忽视的载体。随着移动互联网技术的飞速发展，用户对活动的要求也有了相应的提升。特别是年轻用户群体，往往将有没有现场感作为评价活动好坏的重要标准——画面感强，声音在场，能面对面互动，让人产生亲临现场之感，活动就会吸引人关注和参与；反之，视觉和听觉遥远，只能通过文字和图片感受，现场感缺失，那么活动的吸引力自然也就大打折扣。

9.3.1 采用直播形式做活动

周杰伦的一次演唱会最多只有几万人在现场观看，但是一次网络直播的规模可以达到几十万人甚至几百万人。2016 年 5 月 25 日晚，小米放弃了其心爱的国家会议中心和新云南皇冠假日酒店，史无前例地举办了一场纯在线直播的新品发布会。在五彩城的某个小米办公室里，雷军通过十几家视频网站和手机直播 App 及自家的"小米直播"App 发布了小米生态链产品"小米无人机"（见图 9-5）。这场 19:30 正式开始的发布会收获了这样一组不俗的数据：19:32，发布会正式上线；19:53，同时在线人数突破 17 万；19:58，同时在线人数突破 20 万；20:26，同时在线人数达到了 41 万；发布会临近结束时，同时在线人数超过了 57 万。借助移动直播 App，小米开创了一种全新的发布会形式，甚至可以预期其已经颠覆了传统的发布会，成为未来厂商争相追捧的活动形式。

图 9-5　"小米无人机"线上直播发布会

9.3.2　借助人气主播扩大活动影响力

　　现阶段，移动互联网大潮已经席卷了人们生活的方方面面，社交模式逐渐向社群化方向靠拢。在这种情况下，粉丝效应成了最直观的表现形式，在"互联网 +"时代拥有难以想象的能量。活动主办方要想使活动运营深入人心，收获粉丝红利，最有效的方法就是和人气主播合作，借助其人气提升活动的流量。

　　一大批专业的网络直播平台借助移动互联网的迅猛发展迎来了爆发式增长，2015 年出现了映客、花椒等短视频移动应用。游戏直播平台继续拓展，包括虎牙直播、战旗、龙珠 TV、斗鱼 TV、熊猫 TV 在内的平台捧红了以Miss、小苍 mm 为代表的人气主播。这些人气主播往往在某个行业内拥有数量众多的追随者和粉丝，在网络中拥有很大的话语权。

　　桌面百度在活动运营过程中引入了大批人气主播参与游戏直播，与粉丝相约直播间，为用户介绍各种游戏的玩法和技巧，并且亲身体验各款经典游戏。这些人气主播的参与不仅全面直观地宣传活动，提升活动的人气和知名度，而且成功地提升了用户参与游戏争霸赛的热情，推动了整个活动的进程（见图 9-6）。

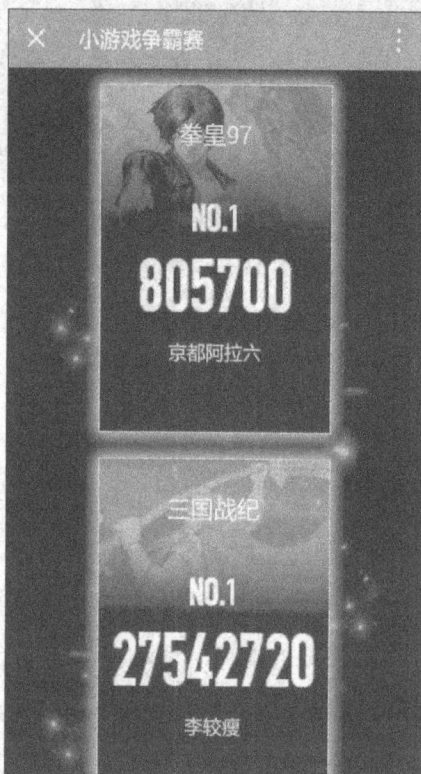

图 9-6　百度桌面争霸赛都配备人气主播

9.4　利用微信公众号打造完整的活动体系

移动互联网时代，各种通信服务平台令人眼花缭乱，其中商业价值最大的就是微信公众号。对于企业和个人而言，微信公众号就是一座等待开发的活动营销金矿，谁能够利用微信公众号打造出完整的活动体系，谁就能更好地聚集人气，为用户提供更好的活动体验，继而获得更大的商业红利。

9.4.1 将微信公众号打造成有影响力的自媒体

在活动运营体系中，宣传推广是最重要的一环。有了强大的媒体宣传，活动才能被更多用户知晓，才会引发更大范围的关注。企业要想最大限度地利用微信公众号进行活动运营，就必须增加公众号的曝光度和知名度。微信公众号天然就具备自媒体属性，可以向用户推送信息，和用户进行互动，这样就很容易成为用户进入移动互联网的入口。那么，如何将微信公众号打造成有影响力的自媒体呢？

（1）发布最新消息

企业要想将微信公众号打造成最有影响力的自媒体，一种快速的实现途径就是利用公众号向粉丝推送最新消息，在"新"字上做文章。因为粉丝关注自媒体，主要的原因还是对最新消息的渴求。假如微信公众号能够做到这一点，那么就不仅可以大大提升自身在粉丝中的人气，还能通过粉丝的口口相传进一步提升自身的影响力。

掌上青岛微信公众号向粉丝推送最新的生活和社会热点资讯，大多为第一手信息，因而对用户的吸引力非常大。正是因为发布的信息始终"新鲜"，掌上青岛微信公众号才造就了巨大影响力，拥有庞大的粉丝基数（见图9-7）。

图 9-7　掌上青岛微信公众号上的新消息

（2）关注热点，在深度上做文章

假如没有新消息来源，微信公众号要想将自身打造成人气自媒体，就需要在深度上做文章。特别是在一些热点消息披露后，微信公众号对其进行深度、专业的解读，分析其产生的原因和影响，也能够吸引更多的粉丝关注，最终提升自己的影响力。

吴晓波频道微信公众号（见图 9-8）之所以能够拥有众多用户，关键就在于其发布的信息具有专业性。在其平台上，用户会找到对各种财经信息的专业解读和对财经名人的专业性关注。这些信息对于用户而言是非常宝贵的，它们能够指导用户的财经活动，为用户更好地获得经济回报助一臂之力。

图 9-8　吴晓波频道微信公众号上的专业消息分析文章

9.4.2　微信公众号全面的功能能够保证完美活动的诞生

除了天然具备自媒体属性，有利于活动的宣传推广之外，微信公众号的功能配置也非常丰富和强大，能够有效支持活动顺利、完整地进行，实时向用户发送活动信息，开放用户参与活动的接口，和用户进行互动，还能根据用户的反馈及时改进。

父亲节到来之际，银川万达电影城发起了一场"爱的招募"活动（见图 9-9），号召用户勇敢地晒出与父亲的合照，并大声地说出自己对父亲的爱。用户就有机会带着父亲一起参加影城举办的"父亲节感恩专场"观影活动，还会获得一份神秘大奖。借助微信公众号的各项功能，银川万达电影城顺利地完成了活动的全部流程：后台接收用户发送的照片和想说的话——筛选照片并发布网络投票——宣布获奖用户——直播颁奖典礼。在微信公众号的全流程支持下，银川万达电影城得以顺利、高效地实现活动目标，吸引众多用户参与活动，从而进一步提升了自身品牌的知名度。

图9-9　银川万达电影城发起"爱的招募"活动

9.4.3　利用微信公众号打造系列活动

有些活动在开展之后由于效果比较好，引发的反响比较大，会有系列化发展的需求。通过系列化运作，活动主办方也可以深挖活动潜能，最大限度地利用之前引发的人气和轰动效应，进一步扩大自身的影响力。而微信公众号恰恰能满足活动系列化的需求。一方面，微信公众号的自媒体属性便于活动主办方的宣传推广；另一方面，微信公众号的推送时间自由，可以按照计划随时启动后续活动，利用原本的用户基础进行后续活动运营，从而强化用户对活动的认同，最大限度地放大活动的效果。

三只松鼠官方微信公众号在活动运营上就采取了系列化的思路。它们利用微信公众号的连续性发布特点推出了"投食"系列活动：面向用户免费或近乎免费地投放美食（见图 9-10）。这一活动依次在国内各个城市进行，形成了活动系列，在三只松鼠官方微信公众号上进行宣传推广，引发了大众关注。每到一个城市，活动场地就会被翘首以待的用户围得水泄不通。通过这一系列化活动，三只松鼠成功地扩大了品牌知名度和影响力。

图 9-10　三只松鼠的"投食"系列活动海报

9.5 移动小游戏让活动更有粘连性

游戏往往自带超强的吸引力，活动要想占领移动端，俘获用户芳心，利用游戏元素是捷径。企业可以为活动设计游戏互动环节，或者直接以游戏的形式做活动，这样往往能够提升用户的参与感，成功引爆人气。

9.5.1 找准用户痛点，用"争霸"欲望激发用户的参与感

虽然人们普遍喜欢玩游戏，但是并不意味着任何游戏都能吸引人来玩，只有那些竞争性强、操作简便的游戏才会受到青睐。因此，移动端活动运营在添加游戏元素时应当找准用户痛点，从用户关注和喜欢的游戏入手，并且引入"争霸"形式，以游戏竞争最大限度地吸引用户参与。

桌面百度是百度出品的一款桌面智能助手，旨在为用户打造极速、智能、个性化的搜索和服务体验。在活动运营中，桌面百度很善于利用游戏元素吸引移动端用户。其经典游戏争霸赛自从上线后，用户的参与就异常火爆。"拳皇97""三国战记""超级马里奥""合金弹头"四款游戏的最高分不断被刷新，成功地激发了用户"争霸"的欲望，最大限度地点燃了用户参与活动的热情（见图 9-11）。

图 9-11 桌面百度游戏争霸赛招募令

9.5.2 游戏 + 现金红包，点燃用户激情

移动端活动运营要想借助游戏点燃用户的参与激情，在引入"争霸"概念时还需要将"争霸"与奖励联系起来，采用红包奖励的形式刺激用户参与游戏的积极性。

桌面百度在每次推广活动时都会用现金红包对用户进行激励，以此点燃用户参与游戏的激情。在一次游戏争霸活动中，桌面百度准备了 5000 元的现金大奖，得到了用户的热烈响应（见图 9-12）。

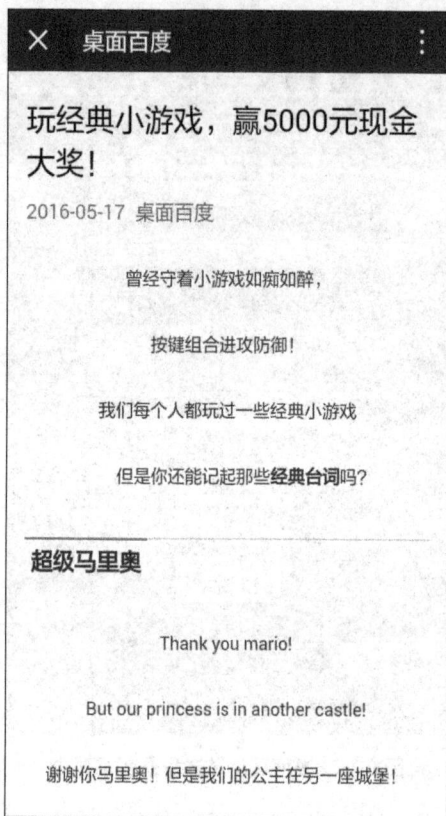

图 9-12　桌面百度设置游戏现金奖励红包

9.5.3　官微互动，提升品牌知名度

移动端活动运营离不来移动平台互动。特别是对于游戏活动而言，利用官微进行互动，能够进一步整合用户资源，扩大活动影响力，提升品牌知名度。

在桌面百度的历次活动中，官方微博都发挥了重要作用，不仅提升了整个活动的影响力，而且成功激发了大批微博微信用户参与活动的热情。除此之外，桌面百度还携手手机百度、百度浏览器、百度糯米等品牌官微频繁互动，交换粉丝资源，从而有效提升了品牌知名度和活动影响力（见图 9-13）。

图 9-13　桌面百度的官微互动

第 10 章

那些成功的活动运营，你知道多少

活动运营得好，对产品推广、品牌打造、口碑塑造等
都有强大的推动作用，能够帮助企业快速抓住用户需求，
获得巨大的经济回报。很多企业很早就敏锐地捕捉到活动
运营所承载的商业价值，创造了很多成功案例。仔细剖析
这些案例，对我们做好活动运营有很好的借鉴作用。

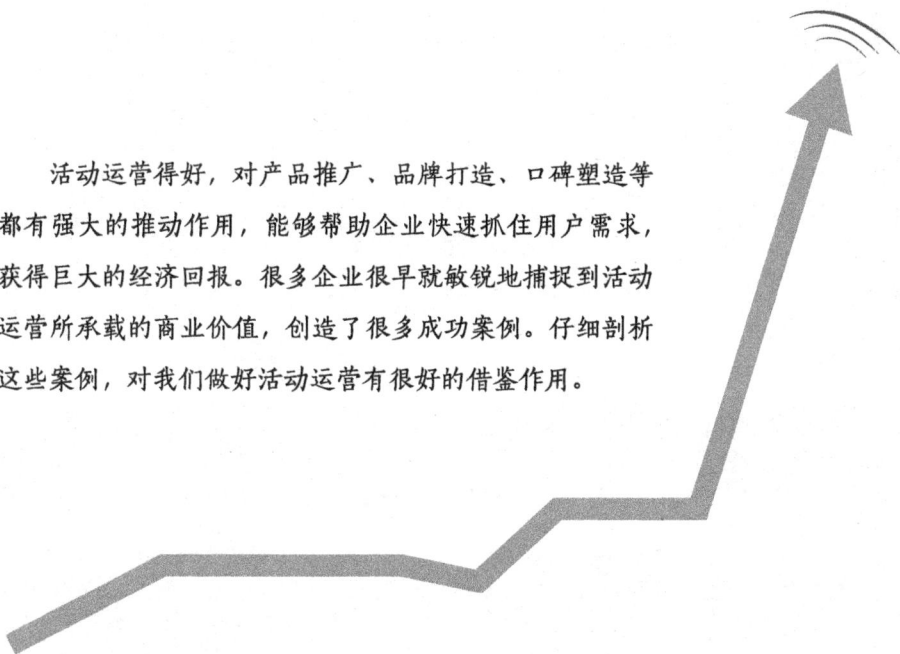

10.1 滴滴顺风车：春运回家，空座共享

滴滴顺风车是活动运营的先行者，创造了很多经典的活动运营案例。"空座共享计划"是滴滴顺风车在 2017 年春节来临之际，针对用户的出行痛点开展的一次带有公益色彩的活动。这次活动在很大程度上满足了用户春节回家的愿望，在社会上引发了广泛关注，取得了很大的成功。

10.1.1 参与热点，解决痛点

对于中国人而言，春节无疑是一年中最重要的节日。每当春节到来之际，在家的父母会站在窗前遥望远方的儿女，离家的孩子会产生回家的强烈期盼。春节在成为人们记忆中最美的节日的同时，也产生了世界范围内最大数量的人口迁徙。因此，盼望回家过年的人们在期盼团聚的同时也往往难免为买不到车票而焦躁。其实，不仅仅是借助公共交通回家的人们因为一票难求而内心焦躁，自驾回家的人也同样焦躁。统计数据显示，2017 年春运期间道路交通承载 25.2 亿人次出行，铁路承载 3.56 亿人次，民航承载 5830 万人次，水运承载 4350 万人次，道路交通占据春运运力的 84.6%。有限的道路交通承载了绝大部分的春运运力，高速公路成了车的海洋，无形中让私家车主的压力倍增。于是，春节在人们心中不仅是一年一度的热点，也是一个绕不开的痛点。

滴滴顺风车敏锐地抓住了这个热点，于2017年春运期间提出了"轻春运"策略（见图10-1）。滴滴跨城顺风车作为一种新兴的共享出行方式，提供火车、飞机、大巴等固定运力之外的"潮汐"运力，为春运减压，让用户回家变得更轻松。在此基础上，滴滴顺风车发起了"空座共享计划"，号召全国私家车主在春节回家的路上不妨分享出自己的空座，以帮助所有想回家的人"圆梦"。活动由于响应了春运热点，又解决了用户的痛点，因而获得了用户的热烈响应。在为期40天的春运中，滴滴顺风车共运送848万乘客跨城出行，这个数据接近南方航空国内航班在春运期间的运送人数。参加"空座共享计划"的车主数达到了333万人。

图 10-1　滴滴顺风车发布"空座共享计划"

10.1.2　红包激励，安全可靠，点燃用户的参与热情

滴滴顺风车推出"空座共享计划"之后，为了调动用户参与的积极性，

最大限度地提升活动效果，特别投入 1000 万元奖励基金。用户只要完成"寻找空座"和"互助团圆"两个任务，就可以参与分享 1000 万元奖金。有了这个超级大礼包，用户参与的积极性被大大地激发出来，"空座共享计划"的参与人数因此暴增。

此外，为了确保参与"空座共享计划"用户的绝对安全，滴滴顺风车还设立了最严格的跨城准入门槛。除了司机必须完成三证（身份证、驾驶证、行驶证）验证和人脸识别之外，参与跨城顺风车的乘客也需要实名认证和完成人脸识别。在整个春运期间，滴滴顺风车安全小组、客服小组会提供全天24 小时服务，并为每人每座最高提供 120 万元的人身意外保险，覆盖车主、所有乘客以及车主的同行者。

10.1.3　用公益温暖人心

滴滴顺风车在春运期间发起的"空座共享计划"，为用户能够顺利回家提供了一个更加便捷、安全的选择，解决了用户的需求痛点。更重要的是，"空座共享计划"提升了社会资源的利用效率，平衡了春节期间出行的供需关系，使整个社会出行环境向着更加良好的方向发展。从这一点看，滴滴顺风车"空座共享计划"带有浓厚的公益色彩。

滴滴顺风车"空座共享计划"提倡一种互助出行的理念，推出之后受到了社会各界的好评，姚晨、张译、王珞丹、陈赫、周冬雨、王子文等演艺界人士纷纷发微博支持这个计划（见图 10-2）。借助公益色彩和众多演艺界人士的支持转发，滴滴顺风车"空座共享计划"成功塑造了良好的品牌形象，获得了更多用户的认可。

图 10-2　滴滴顺风车"空座共享计划"获得演艺界人士支持

10.2　明明讲故事：给用户讲一个有趣的故事

俗话说：一个好故事抵过半个老师。这句话虽然简短，却深刻地揭示出了故事的魅力。在大多数人眼中，故事是"连环画"，让人懂得世间百态、人情世故；故事是"梦工厂"，寄托了人们对未来的种种期待和渴望。其实，讲故事本身就是一种活动，为用户讲故事也意味着和用户进行互动。当活动以故事的形式展现出来后，往往能够引发用户的强烈关注，继而快速地激发目标用户的参与感，提升自身品牌的知名度。明明讲故事就是这方面的高手，用好故事吸引目标用户，推动自身快速成长。

10.2.1 细分用户，针对特定群体讲特定故事

故事源于生活，又高于生活。一个好故事，有写实有夸张，有温情有凄美，情节上激荡起伏、扣人心弦。但是，个人生活经历不同，所处年龄段不同，对故事好坏的判断标准也会存在差异。也许在孩子眼中有趣的故事，在成年人眼中就会显得幼稚。因此，活动主办方在讲故事时需要细分用户，针对特定用户群体讲述他们喜欢的故事。

在实际操作过程中，活动主办方可以通过设置不同板块的方法来细分用户，使不同生活经历和年龄段的用户能够根据自己的喜好和具体需求进行选择。例如，可以根据故事类型设置"智慧故事""哲理故事""幽默故事"和"童话故事"等板块，也可以根据用户角色的不同设置"孩子故事""妈妈故事"和"爸爸故事"等板块。

明明讲故事通过相应的板块和群组让用户各取所需，针对孩子讲述童话、亲情之类的故事（见图 10-3），针对孩子妈妈讲述女性、爱情、亲子教育之类的故事（见图 10-4），针对孩子爸爸讲述亲子游戏、探险、科学类故事。这样家庭中的各位成员都能在明明讲故事中找到自己喜爱的故事。

图 10-3　孩子听的故事

图 10-4　妈妈听的故事

10.2.2　趣味性让故事具备更强大的生命力

人人都有探索欲望，好故事正是源于其架构和情节发展过程中流露出来的无穷趣味性，在一定程度上激发了人们的探索欲望。所以，好故事尽管内容不同，篇幅长短、情节发展快慢各异，但有一点是相同的，那就是都能激发人们的好奇心。

明明讲故事之所以受到用户喜欢，最重要的原因就是每个故事都有趣味性，能带给用户强烈的愉悦感。特别是针对孩子所讲述的故事（见图 10-5），往往在情节上都会跌宕起伏，在思维上则富有想象力，对孩子而言犹如"磁石"一般充满吸引力。

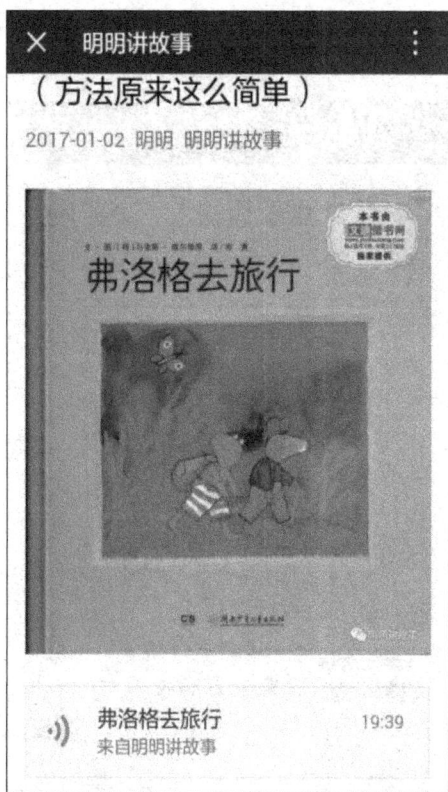

图 10-5　充满趣味性的《弗洛洛去旅行》

10.2.3　情感让故事更有感染力

一则唤醒灵魂的好故事会让人心明眼亮、灵光乍现，一个温暖馨香的故事能细细勾勒人间最纯洁、最真挚的情感，于喧嚣的现实生活中静静品尝，让内心沉静下去，将高贵的灵魂提升上来。

每个夜晚，明明讲故事的"苏晓夜听"微信公众号都会讲述一个情感故事（见图 10-6）。故事中的主角或男或女，或神仙或魔鬼，或动物或木偶，他们都有丰富的情感经历，爱憎分明。而且，这些故事所再现的场景往往能够让用户在现实生活中找到相应的"影子",给用户留下一种强烈的似曾相识之感。

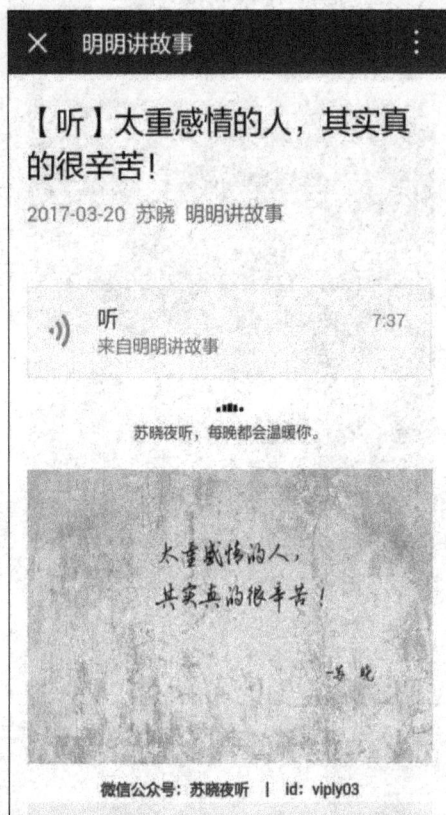

图 10-6　引人共鸣的情感故事

10.3　新世相:"4 小时逃离北上广"活动转发破百万

新世相和航班管家在 2016 年联手策划的"4 小时逃离北上广"活动堪称

活动运营的奇迹，活动在新世相微信公众号推出后瞬间引爆了社交媒体。活动推出 1.5 小时后，阅读量就超过了 10 万次，全天阅读量超过了 100 万次，被转发次数也突破了百万大关，增粉数超过 10 万，从而极大提升了新世相品牌的知名度。

10.3.1　成功的活动策划

"4 小时逃离北上广"活动（见图 10-7）之所以能够引爆社交媒体，一个重要的原因是其成功的活动策划，不管是其说走就走的创意，还是其目的地的选择，都非常精准、巧妙地抓住了用户的痛点。

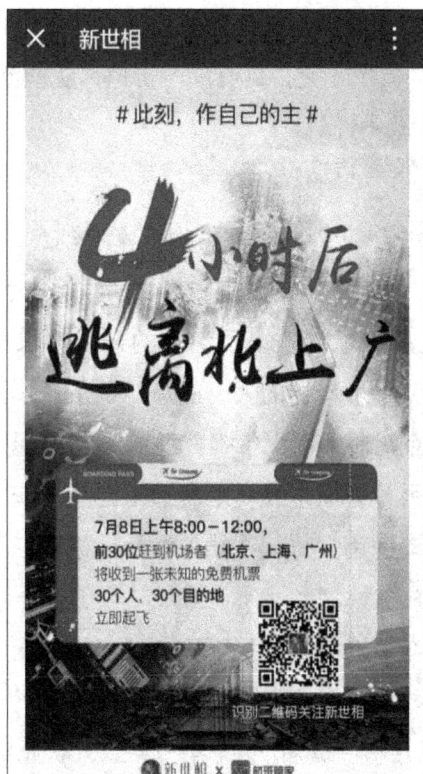

图 10-7　"4 小时逃离北上广"活动海报

在北京、上海、广州的流动人口和暂住人口远超这些城市的常住人口，一线城市生活成本和竞争压力的急剧增加使"逃离北上广"变成了一个时不时被提及的热门话题。几乎每个人都存在一种逃离的幻象，希望自己能够暂时脱离北上广的压抑，到梦想的地方放松一下。而"4小时逃离北上广"活动则为人们的这种心理找到了一个宣泄口，也为人们提供了一个下定决心逃跑的窗户——免费机票和酒店补贴。于是，人们觉得"世界这么大，必须立即去看看"，来一场说走就走的旅行，年少任性一次，人生才会更加充实、美好。

在目的地选择上，新世相刻意保持了一种神秘性。30张往返机票，30个目的地，到场之后才知道的答案，无不让人觉得兴奋刺激。要知道，越是神秘、未知的事物，越能吸引人们的关注，激发人们的探索欲望。这样一来，"4小时逃离北上广"也就变得更有参与价值，更能激发用户的参与热情。

10.3.2　成功的 PK 宣传

"4小时逃离北上广"活动除了在策划上富有创意，吸引人们眼球之外，在宣传上也别出心裁，采用了 PK 的宣传形式。这造成了一种争先恐后"抢"机票的火爆氛围，也成功地打造出了活动的最大看点——究竟谁是最有勇气、最潇洒的人，谁又是最幸运的人，能够免费来一场说走就走的旅行。这种 PK 式的宣传一方面调动了用户争强好胜的参与心理，使整个活动过程高潮迭起、看点频出；另一方面也成功地制造了围观效应，使那些由于各种原因而无法参加这项活动的用户持续在线关注活动进程，了解活动结果，为新世相吸引了大批新用户。

基于此，新世相在微博上实时更新了各地集合机场的参加人员信息。北京、上海、广州三地机场，从第一位到场的用户到最后一位到场的用户，新世相在微博上公布了这些幸运儿的姓名、年龄、职业信息。采用第一、第二……倒数第一、倒数第二的排名形式进行播报展示，为"4小时逃离北上广"活动添加了竞争元素。获得往返机票和酒店补贴的幸运儿现身说法，举牌展示，更将整个活动推向了高潮。

例如，在介绍第四位达到北京机场的雷先生时，新世相官微就特别突出了 PK 意味（见图 10-8）。

图 10-8　新世相实时播报到达者名次

10.3.3　用直播推动活动裂变传播

新世相"4 小时逃离北上广"活动在送出机票和酒店补贴后并没有宣布

结束，而是采用全程直播的形式对所有逃离者在目的地的生活进行了跟踪报道。这种形式将整个活动推向了另一个高潮。通过直播展示，各位"逃离者"的美好生活享受成为活动最好的炸点，引发了用户转发分享热潮，在极短的时间内将其推上了媒体话题头条榜。例如，新世相通过微博实时展示了"逃离"广州的翁小姐在青海湖的惬意生活（见图10-9）。青海湖刚刚下完大雨，翁小姐在旅途中认识了几位小伙伴，一起包车游览。他们正赶上了油菜花盛开的季节，黄色的花海一直绵延好几公里，无边无际。之后是翁小姐游览青海湖的照片，天苍苍，野茫茫，一幅世外桃源的美景引得无数小伙伴向往，纷纷点赞转发。

图 10-9　新世相直播翁小姐"逃离"广州后的快乐生活

10.4 淘宝深夜食堂：《一千零一夜》内容营销

淘宝在它的页面增加了一个下拉菜单，取名为"淘宝二楼"，推出了一档以"美好的物品能治愈"为主题的《一千零一夜》栏目，主打"故事＋美食"。手机淘宝在每周三、周四晚上 10 点更新推出一集。

很多人纷纷截图发到自己的朋友圈，人们的第一感觉就是淘宝还能这样快乐地和小伙伴们玩耍，实在是太惊艳了。更令人印象深刻的是，不管是"鲅鱼水饺""伊比利亚火腿""百香果"，还是"桃花胶""冷吃兔"等，这些富有奇幻气息的食物故事极大地调动了人们的好奇心和品尝欲望。

10.4.1 深挖用户习惯，满足用户需求

淘宝《一千零一夜》之所以能火，和其深挖用户习惯有很大的关系。淘宝的活动运营人员通过大数据分析发现，很多用户都习惯在睡前登录淘宝，特别是在 22 点到 24 点之间通常会形成一个登录刷屏的小高峰。在这个时间段，忙碌了一天的人们习惯买点东西来激励自己。基于这种发现，淘宝的活动运营人员便有了在夜间讲美食故事的想法。人们在夜晚有更多时间精心发掘自己的深层次需求，而《一千零一夜》则对用户的深层次需求进行了放大和引导，其本质是通过讲故事这种更符合用户需求的导购形式来引导用户消费。

根据淘宝数据，这个活动推出之后，以"鲅鱼水饺"为例（见图 10-10），用户在观看短视频之后的搜索量增加了 200 倍；截至视频推出的第二天上午

7点，用户在淘宝下单订了近34万个鲅鱼水饺，近5吨牛肉丸。而"百香果之梦"推出后更是引发了人们抢购百香果的狂潮，24万个百香果在活动上线后立即售罄。

图 10-10 《一千零一夜之鲅鱼水饺》海报

10.4.2 用产品创新惊艳用户

《一千零一夜》栏目在形式上最惊艳的莫过于在淘宝首页展示上的创意设计。一方面，淘宝使用了适用于移动端的竖版视频，运用全新的适用于竖版视频的镜头语言和美术场景，为用户呈现了清晰、逼真的视觉画面，以至于有用户说"每一个画面都想存下来做壁纸"；另一方面，通过首页下拉看视频的产品互动方式，用户在观看时可以随时进入购买页面挑选、下单。

淘宝《一千零一夜》更像一个全新产品的产出过程，从打造产品到交互、内容等角度进行的用户整合体验，可以说是一个结合产品、平台、内容、业务的完整链条。而在这个链条中，不管是产品还是内容，每个环节都需要保持信息的高度一致性，从而让用户清晰地感知到淘宝的营销诉求，最终获得超出预期的体验感。

10.4.3 用美食故事治愈人心

淘宝《一千零一夜》以美食为主题的内容有着很大的心灵治愈能力，它用一个又一个富有魔幻气息的故事展现出了瑰丽、奇幻、醉人心脾的唯美画面，从而使人们能够情不自禁地沉浸其中。借助"美食＋故事"的魅力，淘宝成功地打造了一个全新平台，建立了一个新的入口。

围绕形形色色的食材，淘宝《一千零一夜》将每天都在发生的、温暖又有趣的故事讲给用户听，利用优质的内容来表达淘宝的品质感和年轻化。淘宝在用户心中也就成为可靠的小伙伴，温暖、幽默、万能，陪伴用户发现生活中的各种趣味。因此，淘宝的活动自然也就更受用户关注，在淘宝上的消费也就变成了用户生活和工作的一部分。

例如，《一千零一夜》第十夜《调香蛳》开头即为故事蒙上了一层神秘色彩（见图 10-11）。对香味要求严苛的调香大师有一间私人密室，没有人知道大师在里面做着什么。一天，香水店实习生忍不住好奇走进密室，发现了大师不可告人的秘密……这种富有神秘气息的故事讲述方式牢牢地抓住了用户的好奇心，从而使用户情不自禁地沉浸在故事情节中。

图 10-11 《一千零一夜之调香师》海报

10.5 卫龙辣条：模仿苹果风，打造年轻人的零食潮流

毫无疑问，作为全球手机行业的领头羊，苹果手机一直以来就是众多企业模仿的对象。不管是其简约的设计风格，还是高级灰的色彩应用，一直都引领着潮流。苹果虽然属于手机中的"奢侈品"和"潮品"，但其品牌影响力并不仅仅局限于手机行业。它还扩展到了其他行业，已经发展成为一种文化现象和身份象征。例如，卫龙辣条就模仿苹果风，将自身打造成年轻人零食的"潮头人物"，继而跻身当前互联网上的新一代"网红"。

10.5.1 在包装文案上紧跟苹果新品

卫龙辣条意图通过紧跟苹果手机，将自身打造成辣条行业的"奢侈品"。因此，卫龙辣条在外包装和文案上全面模仿苹果手机，特别是紧跟苹果新品发布的热点，推出自己相对应的新品包装和文案。例如，在 iPhone 7 上市阶段，卫龙辣条便模仿其文案风格进行活动运营，成功地引起用户关注，制造了引爆效应（见图 10-12）。

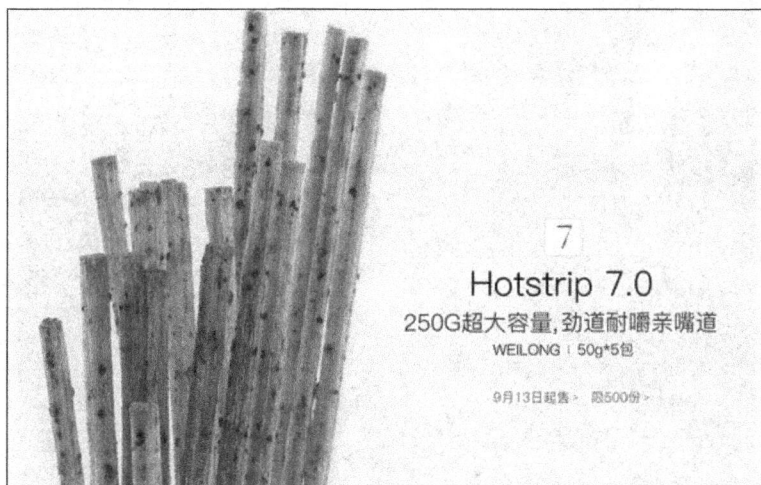

7

Hotstrip 7.0

250G超大容量,劲道耐嚼亲嘴道

WEILONG | 50g*5包

9月13日起售 限500份

图 10-12 卫龙辣条推出"辣条 7.0"

10.5.2 模仿苹果线下旗舰店

在人们的潜意识中，卫龙辣条作为零食产品，能够将活动苹果化，为自己博得一个零食界奢侈品的名号已经是极限了。但是，卫龙辣条的模仿又上升到了一个全新的高度。除了在产品、包装和文案上模仿苹果之外，卫龙辣条还将其线下旗舰店苹果化，在装修风格上全面向苹果线下旗舰店看齐。用户走进去，会惊讶地发现店里到处都洋溢着苹果气息，特别在细节上更是一丝不苟（见图 10-13）。这样原本名不见经传的辣条配上苹果风，就在用户心中制造出了一种莫名的喜感，让用户情不自禁地发出感叹：原来辣条也有高档的一面。

无厘头、逗乐、强烈的对比，"辣条有了自己的线下苹果版旗舰店"，这个话题本身就是一个互联网热点，足够吸引无数人关注。这些都让卫龙苹果风线下旗舰店成为年轻人的最爱，也成为年轻用户在自媒体上传播的热点话题。

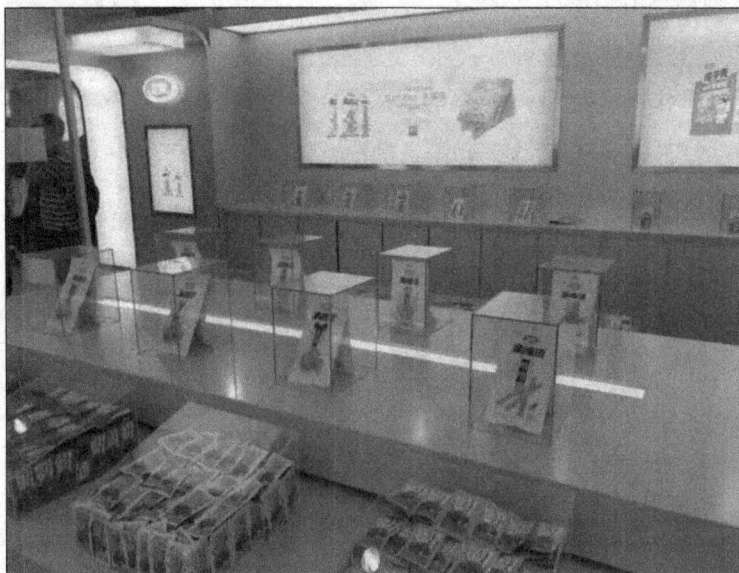

图 10-13　卫龙辣条的苹果版旗舰店

10.5.3　用苹果风造就"奢侈品辣条"

卫龙辣条模仿苹果风，最终目的在于借助苹果手机的影响力摆脱传统零食的低端形象，提升自身的品质。

一直以来，辣条在人们心中都是上不了厅堂和台面。其实，辣条很符合中国人的饮食习惯，是很多人日常饮食中的"常客"。BBC 曾经拍摄过一部名为《中国新年》的纪录片，介绍中国人过新年的风俗习惯，其中就提到了辣条，说辣条是中国 25 岁以下年轻人最喜欢的小吃之一。由此可见，辣条在中国年轻人群体中是很有市场的。卫龙辣条认为，要想在短时间内提升辣条的价值，实现草根的华丽变身，最有效的一种办法就是为辣条植入一个新身份，从根本上改变辣条在人们心中上不了台面的形象。通过模仿苹果风，卫龙辣条自然也就借得了苹果的"贵气"，提升了自身的品牌形象，最终生产出了"奢侈品辣条"这个新身份。

以"奢侈品辣条"的概念重新包装自己的卫龙辣条，成功地使用户思维陷入了一场风暴，让人们知道辣条也是有营养成分的（见图 10-14），也是一种"高端、大气、上档次"的小吃，从而完成了丑小鸭变身白天鹅的华丽逆袭。

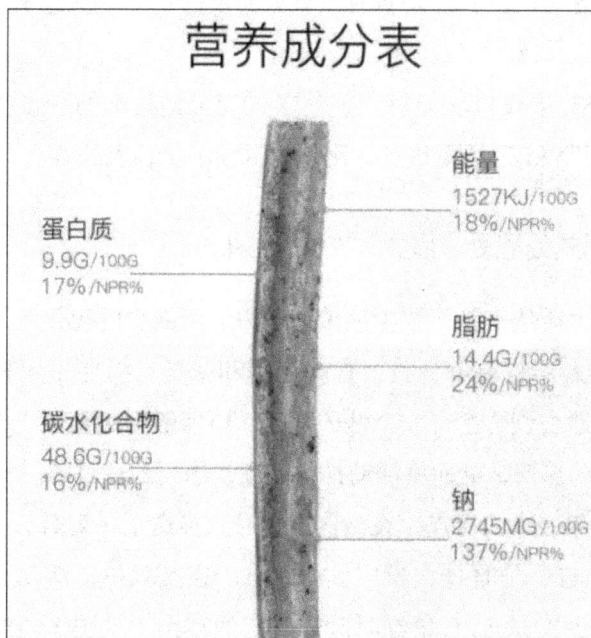

图 10-14　卫龙辣条营养成分图解

10.6 YSL 星辰口红：创造 "YSL" 话题热点，用爱情占领年轻人的心

几乎一夜之间，一款名为 YSL 星辰的口红刷爆了朋友圈和微博，成为自媒体平台上的 "网红"。在微信里，各种关于 YSL 星辰口红的话题更是满天飞。最初是 "让男朋友送你 YSL 星辰口红，他是什么反应"，接着是 "让男朋友猜化妆品价格"，这些话题活动一次次在女性群体中掀起人气热潮。于是，不管是有男朋友，还是暂时没有男朋友的女生，都迫不及待地想要出手购买 YSL 星辰口红了。

为什么 YSL 星辰口红能够一夜间爆红呢？最根本的一点在于，YSL 星辰口红创造了 "YSL" 话题热点，用爱情占领了年轻人的心。

10.6.1 花式秀恩爱，点亮 "YSL" 话题

年轻人的生活从来就不缺少激情和活力，所缺少的仅仅是一个切中需求的话题。年轻人喜欢展示自我，喜欢炫耀和张扬，抓住了年轻人的这些特点，有针对性地去创造新奇、个性的话题，便能够引起年轻人的关注，激发他们参与活动的热情，继而将活动推向高潮，达到预设目的。

YSL 针对年轻人的特点，在微信公众号上推送了一篇名为《叫男朋友送你 YSL 星辰口红，他是什么反应》的文章。在文章中，活动主办方晒出了几个女生让男朋友送 YSL 口红时对方反应的截图（见图 10-15）。此举可谓花式秀恩爱，文章一经推送便被众多年轻女性争先恐后地分享到了自己的朋友圈并纷纷效仿。这个话题能够成功引爆，最主要的原因在于其带有测试性

质，精准地把握了年轻女性的性格特征，进而成功地将年轻女性群体吸引到活动中，顺便给广大情侣在自媒体平台上提供了秀恩爱的机会。YSL 星辰口红也因此成为情侣之间的感情粘合剂，男性不再为送女朋友什么礼物而烦恼。此外，"YSL"话题也为单身女性提供了一个追求更高生活品质、展示美丽的机会。最终，"YSL"话题成为年轻人群体中的"网红"，引发了一股送口红的潮流。

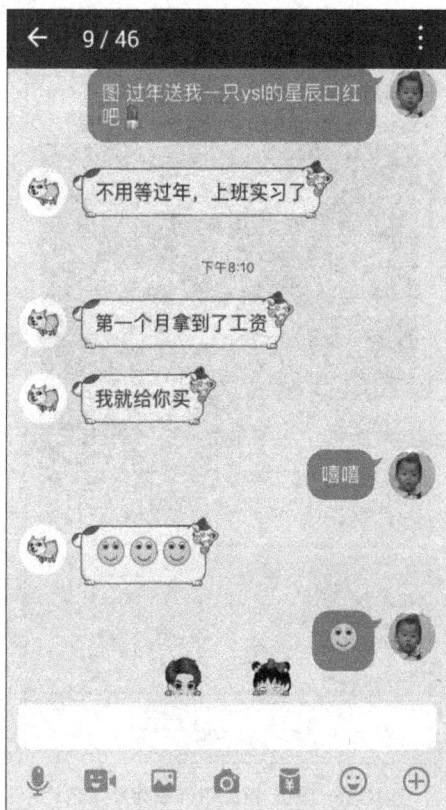

图 10-15　YSL 星辰成为情侣之间的热门话题

10.6.2 将产品和情感联系在一起

YSL 星辰口红话题活动在运营中最高明的一点是将自身和人类的情感紧密地联系在一起，使自身成为情感的"代言人"，成为人们表达情感的载体。在自媒体平台上，"YSL"话题逐渐刷屏之后，活动主办方又借助微博意见领袖的代言引发人们的情感共鸣，在满足年轻女性情感需求的同时，也依靠情感因素完成了品牌塑造（见图 10-16）。

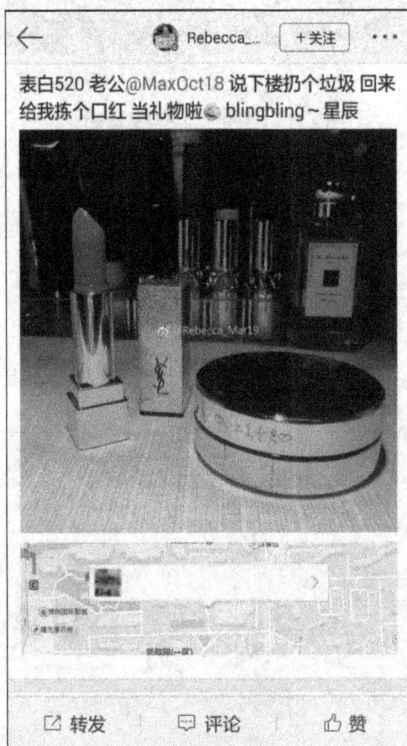

图 10-16　YSL 星辰口红成为爱情名片

10.6.3 通过线上优惠活动引爆用户

轰轰烈烈的爱情宣言虽然能够让人肾上腺激素暴增，但假如付出的经济代价难以承受，那么活动也不可能火起来。因此，YSL 星辰口红除了借助情感话题成功将自己包装成爱情代言人之外，还在微博上利用转发抽奖活动对用户进行物质刺激，即借助线上优惠活动进一步点燃用户关注和购买的热情。

在以前的微博抽奖活动中，很多活动主办方习惯用手机、电脑、飞机票作为奖品，吸引用户关注。但是，YSL 星辰口红坚持用产品做奖品，人们很快便发现微博上所有转发抽奖活动的奖品都变成了 YSL 星辰口红。这种病毒式的传播提升的不仅是 YSL 品牌的知名度，更使 YSL 星辰口红成为用户中的热门话题。用户也因为有机会免费使用 YSL 星辰口红而将其使用经验传播分享出去。如此一来，YSL 星辰口红的话题营销活动也就从最初的单向传播变成了双向互动（见图 10-17）。

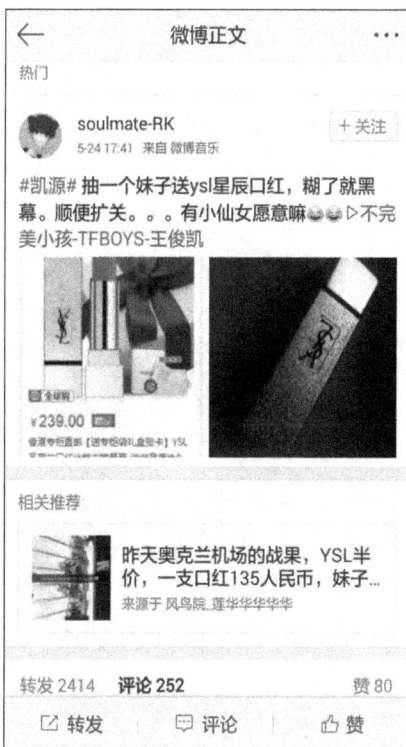

图 10-17　YSL 星辰口红成为线上活动比送热品